Desde

Om

hasta

Amén

Desde

Om

hasta

Amén

Memorias de un viaje espiritual

SHARON M. KOENIG

HarperCollins *Español*

Editora en Jefe: *Graciela Lelli*
Edición: *Marta Liana García*
Diseño: *Grupo Nivel Uno*

ISBN: 978-0-71809-727-1

Impreso en Estados Unidos de América

17 18 19 20 21 DCI 6 5 4 3 2 1

Dedicatoria

Para abuela y para mi Gabrielle.

A Dios; todo en mi vida se lo dedico a Dios.

Agradecimientos

Primero que todo, le agradezco a Dios por no abandonar a esta creyente renuente. Gracias, mi querida Gabbie, te pido profundas disculpas por el tiempo que la escritura te ha robado. A mi abuela Amparo, gracias por el amor a la espiritualidad y por mostrarme la apertura del aprendizaje.

En este libro sobre mis memorias, el agradecimiento se extiende a toda persona que se ha cruzado en mi camino, quizás de manera imperceptible, pero que ha dejado una huella importante. En parte soy la suma de todos los encuentros, tanto de los fortuitos como de aquellos que en un momento catalogué de infortunados.

Escribir un libro es imposible sin la colaboración de un equipo que esté comprometido con la obra. Gracias infinitas a todo el equipo de la editorial HarperCollins Español, en especial a Larry Downs; estaré eternamente agradecida por tu atención y paciencia al escuchar mis ideas en evolución. Gracias, Edward Benítez, por tu dirección y por creer en este proyecto. Graciela Lelli, gracias por tu edición y tus sugerencias. A mi agente literaria Diane Stockwell, gracias por tu disciplina y seguimiento. Martha Daza, te agradezco tu incondicionalidad, tu pincel de correcciones, tus incansables lecturas en voz alta y la disponibilidad a cualquier hora para escuchar mis pánicos de esos días, cuando la musa no llegaba a trabajar. Daisy Curry, gracias por cuidarnos, por escucharme leer y mantenerme hidratada y con una buena dosis de cafeína mientras escribía. A mi querida amiga Jayleen Gorritz, más que amiga, una hermana cómplice de propósitos, gracias por tomarte el tiempo de mirar cada detalle. Gracias a Josué Rivas y a Emmanuel Cavazos por ayudarme a promover el mensaje. Juli Peradejordi y Giovanna Cuccia, siempre estaré agradecida por la primera oportunidad. Juan Peña, gracias por todo tu apoyo siempre. Abouna Damon Geiger, gracias por abrirme los ojos, y Abouna Gabriel, mi agradecimiento por no dejar que en medio de mis dudas me extravíe del camino.

Gracias incondicionales a cada ser que me he encontrado en este camino espiritual por haber dejado una semilla en mi vida, dándole color a este bello jardín de experiencia.

Contenido

Prólogo

Escribo constantemente sobre el tema de la espiritualidad, comparto reflexiones de la vida, de religión y de lo aprendido, pero nada más intimidante que escribir mis memorias, especialmente al tener que confrontar algunas de mis elecciones del pasado y sus consecuencias. Muchos me preguntan por qué escribo acerca de la espiritualidad. Debo responder que la fe que he encontrado tiene varias etapas, las cuales han sucedido en diversos escenarios de la vida, con varios personajes únicos que me han acercado o me han distraído del camino. Muchas personas se quedan en una sola fase de descubrimiento, otras jamás cesan de escudriñar; algunas se quedan por miedo a lo que puedan encontrar y otras se lanzan por pura rebelión. El navegante zarpa cuando el cansancio de vivir en la orilla es más intolerable que la incertidumbre de lo que nos espera en el mar abierto.

En mi caso, viajé desde la etapa de la infancia, que es la inocencia de creer todo lo que se dice en el entorno, hasta la rebeldía de la adolescencia, cuando no creía nada para luego buscar mis respuestas por medio de la propia independencia de pensamiento. Acepto que cometí bastantes errores al abrir puertas que mejor hubieran estado cerradas, pero como un niño que aprende sobre la electricidad colocando su dedo en un tomacorriente, descubrí que la desilusión es la mejor maestra. Espiritualmente, viajé por el Pacífico, el Mediterráneo y la India, hasta el camino de Damasco; no todos los viajes fueron físicos, muchas veces me perdí y me reencontré dentro de mi propio corazón. Para descubrir algo nuevo, a veces necesitas alejarte de las voces que quieren definirte.

El om y el amén son las palabras que muestran el sendero donde comencé, por donde caminé, lo que creí, y finalmente hacia donde regresé. Cuando partes en un largo viaje y luego regresas, ya no vuelve la misma persona; tampoco era tan ingenua. La historia común que ocurre en las epifanías es que muchas veces encontramos todo cuando lo perdemos todo, y qué mayor pérdida que perder la fe. Toda gran odisea en la vida surge de una o varias decepciones. Las grandes ideas muchas veces se forjan de caídas y pura necesidad. Reflexionando un poco, más que una vida calculada, la mía ha estado llena de accidentes, algunos fortuitos, otros, realmente han sido colisiones frontales con el destino. Muchas de esas se han repetido varias veces. Mi sendero hacia Dios no ha sido un camino recto, lo he vivido como un viaje bastante torcido, lleno de avances, retrasos y retrocesos; otras veces, se ha presentado como uno de pura parálisis; mientras que en otras ocasiones, cuando pensaba que volaba, solo lograba encontrarme con una gran pared revestida de paraíso. Sobre mi pasión por el tema espiritual, la pregunta más frecuente que recibo de mis lectores es:

«¿Qué te sucedió? ¿Qué te llevó a esta búsqueda personal tan intensa?».

«¿Cómo has llegado a tus conclusiones?».

«¿Cómo es que hablas con tanta convicción?».

No puedo responder en una sola oración, porque tampoco existe una sola respuesta que no sea la experiencia de caer y levantarse. Cuando alguien pretende darme crédito por algunas lecciones que comparto, inmediatamente me desprendo de las medallas de reconocimiento, aclarando que no he aprendido por inteligencia, sino por el contrario, precisamente por la necedad de caer y cometer los mismos errores, una y otra vez.

No pretendo haber encontrado todas las respuestas, tampoco puedo definirme como un ejemplo modelo de espiritualidad, religiosidad y fe cuando la duda y el escepticismo han sido y son mis fieles compañeros de camino. Ellos a su vez me han brindado un gran regalo, la habilidad de cuestionar, lo que en más de una ocasión me ha salvado de mí misma.

La primera parte de este libro contiene las anécdotas de mis comienzos, pues todos tenemos esa historia que cuando se mira de cerca lo explica todo; la segunda parte contiene la búsqueda, la curiosidad y algunas consecuencias; la tercera, el encuentro inesperado; y la última, la conclusión sin punto final. El escritor solo trata de encontrarse a sí mismo mientras lo comparte con el lector. Para responder mis propias preguntas, he ido recopilando parte de lo vivido espiritualmente en un solo lugar, mientras que al mismo tiempo quiero compartir por medio de algunas de mis vivencias cómo nuestras experiencias del pasado revisitan y afectan nuestro presente. A pesar del tiempo, existe una parte de mí que sigue siendo la misma, y veo que siempre me han saltado los mismos interrogantes, solo que ahora puedo ver que en diferentes escenarios y en variados contextos estas preguntas han sido consideradas desde diversas perspectivas.

Las historias de mi vida que relato son reales, aunque me he tomado la licencia de alterar nombres y circunstancias lo suficiente para proteger la identidad de algunos. Lo que no ha cambiado es el sentimiento, la emoción y la lección de lo ocurrido. En la vida somos libres de escribir nuestra propia historia, pero la mayoría de lo que nos decimos nosotros mismos, tanto del pasado como del futuro, es producto de una ficción, son verdades o mentiras que nos definen o nos liberan. Los recuerdos no están escritos en una tinta permanente; las memorias son y serán amorfas y adaptables, son cambiantes según el observador y la época desde la cual se miren. La realidad no es estática, la memoria se solidifica como un cuadro de museo que hoy podemos ver sin la emoción del ayer que lo empañe. Mientras estamos viviendo algunas experiencias cercanas al presente, los recuerdos son como acuarelas que todavía no se han secado, por lo tanto, aún existe la oportunidad de cambiar sus colores, es por eso que son más abstractas y menos descriptivas, porque los sucesos son eternos, pero las emociones, las percepciones y los sentimientos cambian con el tiempo.

Demasiadas veces damos el pincel de nuestras vidas a un extraño para que describa y defina nuestra historia, sin saber que somos los que otorgamos ese poder al colocarla en las manos de los juicios ajenos, pero también resulta cierto que a veces la peor perspectiva es la propia. Cuando en nuestra familia preguntamos a un hermano qué vio en el pasado, parecería que estábamos viviendo en sueños diferentes. Somos nosotros los que colocamos las puntuaciones y los acentos a nuestros recuerdos, las comas a los sucesos y los símbolos invisibles de admiración o pregunta a las ganancias y las pérdidas. A veces dejamos las páginas en blanco o colocamos un eterno paréntesis a las descripciones de hechos que, de otro modo, serían una simple historia neutral. Haré lo posible por ser objetiva, pero no puedo prometerlo. Una historia puede vindicarte o destruirte, todo está en esa interpretación personal. Las memorias no pueden extirparse. Las emociones, a través de sus reflejos en el lago del pasado, son el navío que nos lleva por el viaje del ayer. El pasado siempre tiene aguas turbulentas, en realidad apenas recordamos los momentos en que las aguas estaban en calma.

Si existe un mensaje que quiero llevar al revelar algunas intimidades —y no me siento orgullosa de muchas de ellas— es el de mostrarte, primero, que no estás solo en tus inequidades, segundo, que no somos perfectos y, tercero, que solo Dios puede hacer de nuestras imperfecciones algo que pueda ayudar a más de uno. Si mis errores permiten que puedas aceptarte y ser menos duro contigo mismo, y al mismo tiempo logran que puedas mirarte con un poco de humor, habré logrado mi cometido. Dios no quiere seguidores perfectos, quiere alumnos insistentes.

Esta no es una historia convencional de conversión, sino un relato personal de descubrimiento. Mi voz es solo una de muchas que tiene la suerte de poder contar sus vivencias. Es curioso escuchar las historias de los amigos que han vivido un camino similar al mío y de otros que han experimentado uno parecido, pero a la inversa. Otros, en contraste, me han contado que nunca se han apartado del mismo lugar en que hoy se encuentran. Al final, somos peregrinos. Te invito a suspender la realidad por un momento y a imaginar que nos hemos encontrado en medio del camino, que nos hemos sentado a tomar un café, y luego simplemente nos hemos contado las vivencias del viaje. Aunque experimenté varias religiones directamente y no solo por libros, en estas líneas no encontrarás grandes definiciones, sino mi interpretación personal de ellas, lo que viví y cómo sus creencias influenciaron importantes partes de mi vida, tanto positiva como negativamente. Aquí no encontrarás una tesis de religiones comparadas, más bien constituye un viaje de experiencias examinadas.

Este es mi viaje espiritual, pero podría ser el reflejo de la búsqueda de muchos otros que crecieron insatisfechos con su fe por la falta de coherencia de las acciones de sus representantes o de las explicaciones recibidas, aquellos que se han lanzado en la búsqueda de nuevas respuestas para esas viejas preguntas que los mantienen despiertos en la noche, como: ¿Qué es lo que deseo? ¿Qué es lo que me hace feliz? ¿Quién soy? ¿Por qué estoy aquí? ¿Qué pasa después de la muerte?

Lejos de conformarse con lo que han escuchado de sus familias o amigos, ellos han escogido buscar por sus propios medios las respuestas, asistidos por un mundo interconectado que ya no vive aislado en la cultura y el lenguaje. Soy parte de los que se han embarcado sin disculpas, para hacer del mundo entero su biblia personal. No soy la única rebelde que en algún momento ha roto los lazos con el mundo que se percibe como parte de las élites escogidas de Dios. Ni la primera que en algún punto pierde su camino y no puede encontrar consuelo en el éxito, el amor y las distracciones del mundo material.

Introducción

El mundo de la religión ha sido sustituido por la espiritualidad, la ciencia y la evolución, la oración por el *mindfulness*, las misas por los *satsangs*, los sacerdotes por los gurús, los sermones por las charlas de motivación y la oración por el relajamiento mental. Otro grupo igualmente ha sustituido la Biblia por los *best sellers* de los nuevos ateos o de la meditación, escritos por los gurús modernos de la autoayuda o la ciencia. Hemos cambiado el gimnasio por el yoga y el crecimiento espiritual por la palabra «bienestar» o ciencia de la mente. Hemos aprendido a cuestionar, a preguntar, a conocer de otras culturas. Hoy en día, la religión no es mundial sino universal. Muy lejos quedaron los días de las misas tridentinas de los católicos romanos, las que por varios siglos continuaban en latín, sin que nadie pudiera comprenderlas. En la nueva espiritualidad, nadie entiende los mantras, pero igual prefieren repetir una palabra incomprendida a una que los llene de culpa; se alejan de un lenguaje religioso que no pocos encuentran que le falta sentido. Ahora estamos libres para indagar y la balanza se ha inclinado hacia el lado de las expediciones espirituales.

Puedo hablar porque soy el producto de una familia católica laxa y desde un principio mis prácticas espirituales fueron una fusión de creencias encontradas. Antes de Shirley MacLaine, mi familia ya había incursionado en el mundo del ocultismo. Antes de que el tarot, la canalización de espíritus y el yoga pasaran de lo oculto a lo normal, en mi familia ya éramos parte de la Nueva Era y su amalgama de creencias esotéricas. Recuerdo que hace menos de dos décadas, los libros de ocultismo y de religiones orientales estaban limitados a un rincón oscuro de las librerías y eran reservados para los llamados «diferentes». Hoy muchos de esos mismos temas son considerados «autoayuda» y han llegado a ser tan populares y accesibles como el botón de búsqueda de Google. ¿Por qué escuchar un sermón cuando puedes leer acerca de la filosofía que se acomoda a tu estilo de vida actual (tan confusa como pueda ser) en cualquier tiempo y en cualquier lugar?

La felicidad es el cáliz sagrado de la humanidad, la meta de la vida, el problema es que la mayoría de nosotros está en busca de algo que es elusivo, que se escapa. ¿Cuánto tiempo podemos mantener una nube de sueños entre nuestras manos? Me pasé una vida tratando de enjaular los objetos de mi deseo para hacer permanente la sensación de aquellos pequeños momentos volátiles de victoria que parecían sobreponerse a mi vacío.

Nos agarramos fuertemente de cualquier cosa que nos brinde esa adrenalina inicial, solo para quedar desinflados al descubrir que la sensación se ha marchado nuevamente. La mayor parte de nuestras vidas sucede mientras estamos consumidos en esta búsqueda neurótica para encontrar ese sentimiento de felicidad, y la otra parte se consume en aferrarnos para no perderlo. El camino hacia la dicha parece ser más uno de desaciertos que uno de certezas, cabalgamos a través de los altibajos de un camino que carece de estabilidad.

Conozco bien esta búsqueda ciega. Algunos sueños no nacen de los deseos del corazón, como diría un romántico, sino de las ansias de liberación de nuestras pesadillas, como afirmaría un realista. Yo quería dibujar un nuevo retrato de mi propia vida para reemplazar el que me habían entregado al nacer. Mi jornada no comenzó bien, al principio no era una búsqueda espiritual, sino una necesaria para sobreponerme a los retos de una infancia que estuvo marcada por el abuso físico y emocional. Equivocadamente pensaba que el éxito material podría borrar mi historia. Utilizaba la espiritualidad no como una relación con Dios, más bien era un medio para que mi mundo material tuviera sentido, y fue entonces cuando comenzó la odisea por encontrar aquellos colores que pudieran adornar mi nueva vida con la alegría que buscaba. ¿Todo está predestinado? ¿Somos espíritu con materia? ¿O somos materia con espíritu? Religiones, doctrinas, entrenamientos y filosofías se convirtieron en los muchos colores de un nuevo cuadro para mi vida y el mundo entero se convirtió en mi lienzo. Visitaba nuevos maestros con la esperanza de encontrar el gran secreto.

Algunas personas tocan fondo al perder algo preciado, mientras que otras lo encuentran cuando a pesar de hallar lo anhelado, se dan cuenta de que todavía permanecen en el vacío. Yo pertenezco a los últimos. ¿Qué hacer cuando no hay más que esperar de la vida? Mientras existe la esperanza de un «algo más», seguimos buscando lo que finalmente creemos que llenará el vacío, pero ¿qué sucede cuando una y otra vez conseguimos lo que pensábamos necesitar, solo para descubrir que no tiene la sustancia necesaria para llenar un corazón de auténtica plenitud? Hay un largo trecho entre complacer momentáneamente a un corazón y llenarlo de una dicha duradera. Nosotros estamos aprendiendo a comprender lentamente que el placer y la felicidad no son lo mismo. El cambio de giro de la búsqueda del éxito material a la satisfacción espiritual solo sucedió después de haber logrado muchas de las cosas soñadas. Antes pensaba que una vez en mis manos ellas borrarían el vacío, solo para descubrir que tal como un auto eléctrico enchufado al receptáculo equivocado, estaba tratando de obtener energía de una fuente sin carga.

Mi viaje incluyó muchos encuentros con gurús, monjes, líderes de movimientos, sacerdotes, escritores y autores de libros exitosos, igualmente tuve oportunidad de tener encuentros con variados profesores de la vida real. En mi país, conduje muchos eventos para los principales líderes pensadores del comienzo del movimiento de la Nueva Era.

He tratado de aplicar muchos métodos en la búsqueda de la felicidad, desde caminar sobre el fuego para controlar mi mente hasta saltar a las congeladas aguas para aprender a dominar mis reacciones. Poco sabía entonces que era precisamente el control lo que necesitaba soltar. ¿Yo justamente necesitaba saber cómo funciona todo esto en realidad?

Esta odisea era parecida a la de un personaje de un cuento de fantasía que se encontraba en una búsqueda personal, se trata de Dorothy, de *El Mago de Oz*, quien se había perdido y anhelaba desesperadamente regresar a su hogar, solo que intentaba hacerlo por los medios equivocados y a través de las personas menos indicadas, aunque de cada una de ellas aprendió grandes lecciones. Dorothy seguía buscando el poder afuera cuando lo tenía bajo sus propios pies, literalmente. A mí, como a ella, esto me sucedió varias veces.

Esta extraña mezcla de lecciones que me serví del banquete espiritual no pasó por mi vida sin dejar un rastro, sino tuvo consecuencias en las elecciones que hice y también en los resultados, especialmente cuando la teología y la cosmología de muchas de esas lecciones chocaban mutuamente. Estas creencias están compuestas de mitología, metáforas, historia, tradición, recuerdos personales, ciencia e intervención divina. A veces, al mezclarlas solo conseguía una gran indigestión.

¿Quién soy yo?

¿Podemos creer en la salvación y en la reencarnación al mismo tiempo?

¿Qué sucede cuando pasamos nuestra vida asumiendo que es solamente un sueño?

¿Cómo actuamos y vivimos la vida, si creemos con firmeza que estamos solos en el mundo, que no hay trascendencia y que no existe un creador?

¿Qué pasa cuando creemos en un Dios, pero pensamos que es castigador?

Mi más grande lección fue que para poder retornar a mi hogar, primero necesitaba saber cuál era ese hogar. Antes de pedir instrucciones para ir a un destino, necesitamos saber dónde estamos parados, porque podría suceder que ya estamos allí, pero debido a que no hicimos la pregunta correcta no tenemos un buen marco de referencia para reconocerlo. Luego de saber dónde estamos, por supuesto necesitamos saber dónde queda el lugar a donde vamos. Muy fácilmente podríamos confundirnos y pensar que nuestro hogar se encuentra en una tierra lejana, cuando la respuesta podría estar bajo nuestros pies, como le sucedió a Dorothy en *El Mago de Oz* cuando se dio cuenta de que sus propios zapatos rojos podían llevarla de vuelta a casa; de una manera similar nuestro artefacto de regreso es rojo y se llama corazón. Las veces que me he equivocado de ruta, no me ha quedado otro remedio que hacer la marcha de la vergüenza y regresar cabizbaja y arrepentida. Lo importante es tener la humildad de admitirlo y la valentía de aceptarlo. Yo descubrí que nunca es tarde para regresar. El viaje apenas comienza.

PRIMERA PARTE

Antes del Om

Antes del
Om

L a infancia espiritual es la que sucede cuando no cuestionamos la fe de nuestros padres o el entorno. El bebé está tan identificado con su ambiente que no sabe dónde termina su cuerpo y dónde comienza el de su madre. Se asume que todo está bien, nada que preguntar, nada que indagar, la vida es un eterno ahora donde realmente ni siquiera hacen faltan las explicaciones, por lo que tampoco en ese momento es necesaria una religión que nos lo aclare. Nuestra relación con Dios, si la hay, no es pensada ni pesada, lo tenemos todo, solo flotamos en el agua de la vida, entre sus brazos. Es muy curioso, pero allí en la infancia tampoco existe el tiempo. Recuerdo que en mi primera niñez, las noches se mezclaban con el día en un eterno ahora. Un buen día la sensación de eternidad se terminó bruscamente, cuando mi abuela me dijo algo terrible: «Hoy es tu primer día de clases». El tiempo se mide solo cuando la experiencia es juzgada como una muy buena o como una muy mala. El resto del tiempo se vive sin el recuerdo consciente de lo ocurrido, pero sus relatos grabados continúan influenciando nuestras decisiones desde lo profundo de sus archivos.

No podemos elegir nuestro comienzo, como tampoco podemos elegir dónde caerá la lluvia que llega del cielo. Es por eso que no podemos juzgar sin saber la historia de cada quien, porque nadie puede conocer la historia del otro cuando apenas puede reconocer la propia. Nacemos con libre albedrío, pero lo que elegimos hacer con nuestra libertad está condicionado o bendecido por unas cuantas condiciones predeterminadas, algunas de las cuales no siempre son convenientes; por ejemplo, en qué parte del mundo nos ha colocado la ruleta de la vida, qué genética tenemos, qué condiciones sociales son discutidas en la época de nuestro nacimiento, y con qué ventajas o desventajas hemos nacido. Todo esto sin contar qué tipo de personalidad predomina en nuestra forma de ser o cómo fue la dinámica de la familia. Las ventajas recibidas en el nacimiento ayudan, pero no garantizan la felicidad; conozco modelos hermosas y ricas que son miserables y otras personas con problemas económicos o de apariencia física que son felices. Muchas de nuestras carencias pueden ser nuestras mejores aliadas al motivarnos a incrementar la eficiencia de lo deficiente. La vida tiene una manera integrada de compensar lo que nos falta y de facturar por lo que nos sobra. ¿Cómo seríamos si no tuviéramos imperfecciones, retos ni obstáculos, si supiéramos todas las consecuencias y desenlaces, si tuviéramos acceso directo a todo lo deseado? Existe una cualidad que es elegida, que no está condicionada por nada exterior y que tiene la capacidad de tornar cualquier posibilidad en realidad; esa cualidad sin límites que siempre puede ser invocada se llama fe, la cual es la habilidad de creer en lo que todavía no se ha visto. No hay duda de que cada caída de la que podemos levantarnos nos hace más fuertes en la fe.

La mayoría de nuestras opiniones se remontan al pasado. Dicen que debido a nuestra inconciencia, el presente es solo un pasado reciclado. La adolescencia y la rebeldía son un intento de romper con lo establecido para encontrar la identidad propia lejos de esas condiciones impuestas por el destino, a fin de elegir opciones por el libre albedrío.

Si creemos en un orden, podemos ver que todas esas aparentes contrariedades son parte de la semilla de un árbol que con ayuda dará fruto, y digo con ayuda porque no importa quiénes seamos, todos nacemos para expresar la imagen de Dios en nosotros, y eso no podemos hacerlo solos. La semilla que no recibe agua y sol, morirá. La rebeldía es como la edad de «los terribles dos»; cuando caí en cuenta de que había un mundo más allá del que podía tocar, me lancé a descubrirlo. Allí comenzaron mis retos, cuando descubrí que mis opiniones no eran necesariamente propias, sino que la mayoría de ellas fueron incubadas en mi mente sin mi consentimiento. Entonces me propuse cambiarlas con el poder de esa palabra tan contundente en el vocabulario del ser humano que es *no*, o quizás sea *basta*.

Mientras maduramos también vamos descubriendo que aunque no podemos elegir la entrada, siempre podemos elegir la salida. Si los científicos basan sus descubrimientos en la evidencia, entonces he vivido mis etapas espirituales como un experimento viviente de fe, el cual ha evolucionado y continuará creciendo mientras tenga vida, porque solo dejamos de transformarnos físicamente al morir, y si la vida es eterna, entonces jamás dejaremos de crecer en Dios.

LA CASA DE LAS BRUJAS

Llegamos a este mundo con una maleta de regalos y otra de retos. Tenemos libre albedrío, pero no podemos elegir dónde y cómo comenzamos ni tampoco con qué. A veces la vida luce tan injusta, algunos parecen llegar con sus bultos llenos y otros con las manos vacías, pero he podido ver que no se trata tanto de dónde comencemos ni con qué, sino de hacia dónde vamos y para qué. Mi vida no me dio la bienvenida con cucharas de plata, bombas de colores y tortas de chocolate. En el verano de 1962, fui recibida por una madre mentalmente desequilibrada, que estaba enamorada de un padre ausente en medio de una relación imposible e «ilegal»; el resultado fue una infancia de abuso.

Cuando niña no buscaba experiencias espirituales sobrenaturales, ellas eran parte habitual de mi entorno. La infancia espiritual es la que sucede mientras vas descubriendo el porqué de las cosas, sucede por osmosis más que por información. A veces me pregunto qué sería de mí si hubiera nacido en un hogar con creencias diferentes. La niñez es total aceptación, no se cuestiona lo aprendido, a pesar de que algunas de sus experiencias sean infortunadas.

El golpe de un duro comienzo en mi vida fue mitigado por la dulzura y la espiritualidad de mi abuela. Estoy convencida de que fui protegida por las bendiciones de sus oraciones, por su fe y por la devoción de sus últimos años. A pesar de los obstáculos, pude lograr muchos de mis sueños. Atribuí esa habilidad especial para alcanzarlos a la *serendipia*, que es cuando tenemos un encuentro inesperado con algo afortunado mientras se está buscando algo distinto; en realidad se trata solo de una palabra sofisticada para describir la mano de la Providencia, conocida también como la suprema sabiduría de Dios que cuida de la creación y sus criaturas.

Algunas personas comienzan esta etapa de su espiritualidad en hogares donde el concepto de Dios es rígido y definido. El mío fue todo lo contrario, en mi casa pusimos de moda la palabra «pluralidad». El periodo de la infancia espiritual no es medido por la edad; existen personas que son niños en su mente espiritual aunque hayan pasado los cuarenta años. La infancia no tiene un lenguaje literal desarrollado, en esa etapa se habla por medio de metáforas y cuentos de hadas. Cuando los padres necesitan asegurarse de que los hijos no se descarrilen de las creencias de los adultos, el miedo usualmente se vuelve su aliado. La espiritualidad fundamentalista está llena de estos miedos, la fe se consigue por medio de amenazas y castigos: «Si haces esto, Dios te castigará en un infierno eterno». Algunos conceptos de Dios no son muy diferentes a los temibles monstruos de la infancia. Nos asustan con el terrible cuco imaginario que vive en los armarios, una fabricación de los adultos que los pobres niños han aceptado. La culpa y el castigo son los cucos de la infancia espiritual y a veces nos acompañan hasta la vejez.

En vez de ver caricaturas como una niña normal de nueve años, mi distracción predilecta era hablar con los espíritus, lo cual hacía a través de «médiums» o personas que los canalizaban. Fajardo, donde nací, era un pueblo abrazado por el mar al este de Puerto Rico, un lugar muy colorido, a veces con personajes dignos de un circo y otras de un hospital psiquiátrico. Mi casa parecía ser el lugar donde todos ellos convergían, atraídos por la fama del mejor café del pueblo, el cual mi abuela colaba todos los días a las tres de la tarde. Tan bella mi abuelita, con su pelo negro azabache y su mirada humilde y amable, llena de una tristeza permanente que resaltaba sobre su tez color aceituna, testigos de su herencia de las Islas Canarias. Había dos filas de personas en mi casa, una para el café y otra para que mi abuelita les leyera las barajas españolas. Me cuentan que el mejor vidente de Puerto Rico la visitaba, entre otras personalidades de la farándula.

En el momento del café, todos los «locos» del pueblo tenían su lugar de encuentro frente a mi casa. Entre ellos estaba mi favorito, un hombre mayor con facciones de taíno; indígena nativo de Puerto Rico, con piel quemada y pelo lacio peinado con brillantina, que siempre vestía la misma camisa estilo guayabera y tenía un olor característico a sudor mezclado con botánica. Mi amigo, además de una tos intermitente, tenía una pequeña peculiaridad: en el momento menos esperado, comenzaba a brincar convulsamente y sus ojos se quedaban en blanco, luego sus manos comenzaban a moverse por encima de su cabeza como espantando moscas; en ese momento cerraba los ojos y su voz de hombre cambiaba a voz de mujer, dependiendo del día, como si fuera un papel diferente en una obra de teatro. Un día en particular a mi amigo taíno le «entró» mi entidad favorita, decía ser un pirata y aseguraba que había un tesoro escondido debajo de nuestra casa y que estaba atado con cadenas, el espíritu también decía tener sus huesos enterrados allí y lo cuidaba. Uno de mis tíos vivía obsesionado por encontrar el tesoro, había comprado uno de esos artefactos que pueden detectar metales a diez pies de profundidad y caminaba como un extraterrestre desquiciado, con sus enormes audífonos y la máquina que hacía un ruido estridente como el de una radio que no se puede sintonizar. Para completar la leyenda, mi tío decía haber escuchado las cadenas por la madrugada; de más está decir que vivía aterrada y no dormía por las noches saltando por cada sonido extraño que escuchaba. Dormía en posición fetal con la espalda hacia la pared, lo hacía para prevenir ser atacada por el pirata, todavía duermo de la misma manera, pues las costumbres son difíciles de erradicar. Mi única defensa era una Virgen Milagrosa; mientras otros niños dormían con una muñeca o un lindo oso de peluche, yo dormía con una dura imagen de la Virgen que tenía un manto azul de yeso y sus brazos estaban eternamente extendidos, también le faltaba un ojo, pero para mí, ella era la única protección en la casa de las brujas.

La Virgen Milagrosa figuró en mi vida desde mi nacimiento, quizás desde antes. Me contaba mi abuelita que el día del parto de mi mamá estuve a punto de morir, aparentemente nací con la placenta cubriendo mi cara. Esta es la descripción más gráfica que guardo en mi memoria, aunque probablemente exista una más científica de lo que realmente sucedió esa noche. Cuando las horas pasaban y mis latidos se silenciaban, mi abuelita oraba y pedía la intercesión de esa misma Virgen para que salvara mi vida; de seguro escuchó sus ruegos, porque nací con la cara azul, no por ser el color del manto de la Virgen, sino por la falta de oxígeno. Quizás la misma Virgen de azul me salvara de la muerte una vez más antes del parto, cuando mi papá le sugirió la idea a mi mamá de que se hiciera un aborto. Al menos alguien en el cielo estaba interesado en que yo naciera...

Unos tres años más tarde, la Virgen se convirtió en la señora de azul invisible que «hablaba conmigo» y me brindaba compañía flotando en el aire frente a la ventana del multipiso en Nueva York, donde viví con mi mamá por corto tiempo antes de regresar a Puerto Rico para vivir con mi abuela a los cuatro años. Contaba mi madre que todos los días decía ver a la señora de azul mientras señalaba el cielo vacío, pero yo nada recuerdo.

Entre otras particularidades, a los doce años me decían que era la orgullosa heredera de una tercera generación de iniciadas; pertenecíamos a una extraña hermandad secreta esotérica, primero mi abuela, luego mi mamá y algún día yo sería la próxima. No quería esperar, pero mi abuela guardaba celosamente sus lecciones, unos panfletos con extraños símbolos egipcios que en ese momento estaban terminantemente prohibidos para mí. Nadie sabía que a escondidas ya había leído suficiente material para darles una clase de ciencias ocultas a todos, hasta una fecha que no olvidaré, porque el gran día de la iniciación de mis lecciones a escondidas había llegado.

Necesitaba estar a solas, a oscuras frente a un espejo, luego con una vela encendida me tocaba llamar a mi guía espiritual, un espíritu; era el gran día de conocerlo. Tenía que mirar la vela fijamente y desenfocar la vista para poder ver el mundo de la cuarta dimensión. Me armé de valor y aunque me temblaban las rodillas, ya estaba en trance cuando algo se cayó y vi una sombra, o me la imaginé, y corrí tan fuerte y tan lejos como pude; fue mi último intento con la sociedad oculta. Mi mamá, por su lado, continuaba con sus iniciaciones, ella misma me cuenta que se inició cuando estaba esperando mi nacimiento, eso puede explicar la mayoría de mis rarezas.

Mi hermano, que era hijo del primer matrimonio de mi mamá y me llevaba nueve años, me decía cómo un día en una de las supuestas iniciaciones de mi mamá salieron luces de un gran espejo que había en su cuarto; por su parte, mi mamá contaba que su ejercicio era entrar con el alma dentro del espejo. En esa época también mi hermano dibujaba los elefantes voladores de la portada del disco de metálica *Osibisa* y sus paredes estaban adornadas con pintura fosforescente; él experimentaba con los alucinógenos del momento, así que no está claro si las visiones fueron resultado de sus efectos.

Como mi realidad no era la que quería, yo misma buscaba inventar una nueva. Si no estaba hablando con espíritus, estaba aprendiendo a ser vidente; cuando mi abuelita leía las barajas españolas, aseguraba ver todo como una película dentro de una vasija de cristal llena de agua que colocaba en medio de la mesa. Ella no cobraba por sus servicios de vidente, recibía donaciones y solo colocaba una moneda de la persona en el centro de la mesa. Yo era como una bruja aprendiz que nunca levantó su vuelo en la escoba, porque entre otras cosas, jamás pude aprender cómo encender el televisor del futuro que se encontraba dentro de aquella vasija de agua. Mientras que mi abuela decía ver las imágenes dentro del agua y fuera de ella, mis antenas, por el contrario, nunca se desarrollaron. En otra ocasión nos visitaron unos conocidos espiritistas y fui testigo de una verdadera sesión en mesa redonda. Recuerdo a una de las señoras, que era gruesa y con voz casi varonil. En medio de su trance, me señaló diciendo que yo era víctima de un terrible ataque psíquico por parte de una hechicera del pueblo. ¿Saben por qué pienso que a pesar de todo he tenido buena suerte? De seguro, la razón fue los cientos de baños de miel y yerbabuena que mi abuela me echaba por la cabeza a la hora del baño, para contrarrestar los hechizos. Si antes no dudaba que existieran los espíritus, en la adolescencia tuve una fase en la que dejé de creer en todo lo sobrenatural. Un buen día llegó el amigo taíno, el señor que era médium, y mientras estaba en su trance le dije que todo era un cuento, que era un mentiroso y muy buen actor. Quizás sea por esa razón que de adulta no haya sido muy creyente en los conferenciantes ni en los libros canalizados por espíritus que hablan del más allá por medio de otros, lo que en esta época se ha convertido en algo bastante común.

No todo fue espiritismo en mi casa de las brujas. Una de las más lindas memorias que tengo de mi abuela es cuando me sentaba a leer con ella una enorme Biblia ilustrada que

Desde *Om* hasta *Amén*

tenía unas pinturas hermosas sobre las historias sagradas, como en el Renacimiento. La imagen de Moisés abriendo el mar Rojo todavía está en mi subconsciente. Los viernes santos eran realmente santos, y en el pueblo nos quedábamos en nuestras casas mientras que la Procesión pasaba justo frente a mi puerta, con un vía crucis escenificado con látigos y pintura como la sangre. Ese día me quedaba con mi abuela mientras veíamos las películas de la vida de Jesús. Salir el viernes santo era atraer una maldición; abuela contaba cómo las peores catástrofes sucedían a aquellos que osaban violar el viernes santo yéndose a la playa. Las visiones de ahogados y accidentados eran suficiente motivación para quedarme en casa. Teníamos que esperar hasta el domingo y solo podíamos comer «pescao y arepa».

Mi abuela no iba a la iglesia, tampoco salía de la casa, sin embargo, tenía gran devoción y fe en Dios. A veces la tomaba de la mano y la llevaba casi empujada hacia fuera de la casa, pero tal como esos carros de compra que tienen un freno a cierta distancia de la tienda, así mismo mi abuela frenaba y quedaba inmóvil cuando llegaba a la esquina de la casa, a cierta distancia. No hace mucho pude descifrar que no salía porque en su mente tenía un límite, una barrera invisible que marcaba hasta dónde podía llegar, más tarde me di cuenta de que padecía de agorafobia, un trastorno de ansiedad que entre otros síntomas se presenta como un miedo irracional a salir de la casa. Al final de sus días, dejó toda práctica oculta y se dedicó a leer la Biblia y rezar el rosario, haciéndolo interminablemente.

Los días de primaria en el colegio católico están entre mis más duras memorias. Era demasiado delgada, y cuando caminaba me veía rodeada de una nube que emanaba un estado perpetuo de sentirme fuera de lugar. Mientras que percibía a las otras niñas como seguras, saludables y con cabellos perfectos, yo me sentía torpe, fea e inepta. No ayudaba que mi mamá hiciera mis cortes de cabello, mi pollina siempre quedaba abultada a la mitad de mi frente. Yo era de las que no comprendía las instrucciones y siempre caminaba hacia el lado contrario de donde se esperaba que fuera, no por rebelde, sino por distraída. Todavía lo soy. Lo que en ese tiempo interpreté como falta de inteligencia, hoy en día probablemente se hubiera explicado con un déficit de atención, que no había sido diagnosticado. A pesar de eso, tenía buenas calificaciones. Sentía que los otros niños hablaban muy alto, pero yo tenía miedo de hablar por temor a hacer el ridículo. Entre las niñas recuerdo a una en especial, era muy cruel, todas querían jugar con la niña más popular, y nosotras, las tontas, nos parábamos a su alrededor para escuchar su veredicto:

—Tú, tú, tú y tú pueden jugar conmigo.

Luego me moría mientras la miraba con desesperación y esperanza, entonces ella me miraba directamente, con furia y sin piedad, gritándome:

—¡Tú no!

En ese momento no lo sabía, pero eran los primeros vestigios de una autoestima inexistente provocada entre otras cosas por la falta de una columna vertebral de seguridad materna y paterna.

A pesar de esos inconvenientes con algunos de mis compañeros, no viví las historias de horror comunes de los colegios católicos. Aquel al que asistía casualmente quedaba frente a mi casa. Sus monjas y sacerdotes nunca me pegaron con una regla en las rodillas o en los nudillos, todo lo contrario, luego de hacer la primera comunión, en la primaria me acostumbré a ir a misa con mis compañeros de clase, todos los viernes, vestida con el uniforme blanco.

Salvo un altercado con una monja sobre una pregunta existencial: ¿quién hizo a Dios?, nunca me regañaron, pero tampoco comprendí nada de mi fe, aparte de que no concordaban con el gnosticismo de mis lecciones ocultas de esa época. Naturalmente encontraba a los maestros muy aburridos con este tema y mientras hablaban, a escondidas me dedicaba a dibujar trajes a mis compañeras, mis primeros vestigios de diseñadora de modas.

Lo peor que me sucedió en el colegio y que me dejó un eterno vacío fue perder a dos compañeros de forma trágica, un hecho que fue conocido como el famoso caso de los hermanos Colonna. John y Giannina fueron secuestrados y hasta el día de hoy continúan desaparecidos. John se sentaba detrás de mí en el salón de clases. La triste imagen de su pupitre vacío ha sido una foto mental difícil de borrar.

No tuve mi propio cuarto hasta la adolescencia, durmiendo antes de eso en una cama que fue una cuna grande alguna vez y estaba en la misma habitación de mi abuela. La amaba tanto que a menudo mi única preocupación era la posibilidad de que algo le pasara; era un miedo profundo de que muriera, sentía que era la única persona que tenía en el mundo.

El pueblo era un lugar donde todos vivíamos juntos, no existía división de clases y mis amigos eran de todas las esferas, incluyendo a los de la barriada y el residencial público hasta los doctores, empresarios y vecinos con apellidos notables. Nosotros vivíamos en la calle de los apellidos notables, pero no por tener dinero, sino por tener una casa que fue herencia de una bisabuela negociante. A pesar de no tener dinero, a mi abuela no le faltaba cultura, soñaba con las zarzuelas y con España, y recuerdo que me inculcaba cada vez que podía una lección de etiqueta, modales y modestia. Mientras ella trataba de corregir mi dicción, yo me proponía hablar como las chicas del barrio que acababan de llegar de Nueva York.

Por otro lado, mi mamá se había criado sola en Nueva York desde los quince años, siendo parte del éxodo de puertorriqueños que viajaron a esa ciudad buscando mejores oportunidades en los años cincuenta. Ella soñaba con diseñar modas, pero al llegar a la gran ciudad, las máquinas de coser en la línea de producción fueron su única realidad. Lo más cercano que estuvo de su sueño fue trabajar como modelo de patrones en una casa de modas poco conocida. Mi hermano y yo heredamos el sueño y el talento de la moda. Fueron días duros en Nueva York viviendo en el Bronx, pero para su buen crédito mi mamá terminó el bachillerato y luego se convirtió en maestra bilingüe de la escuela superior del pueblo, donde todos la querían debido a su compasión por los jóvenes, lo que curiosamente muy pocas veces practicó en su propia casa. No obstante, con ella aprendí a mostrar compasión hacia los menos afortunados; a menudo llevábamos juguetes y comida a los barrios más pobres. También tenía fama de recoger, alimentar y ayudar a los locos del pueblo.

Hubo dos momentos en que mi abuelita oró intensamente agotando todo pedido al cielo, especialmente mientras mi tío estaba en la guerra de Vietnam, y luego en mis años de adolescencia, cuando la rebeldía me llevó a estar en otro tipo de guerra, la de los malos caminos. Mientras mi abuela era toda prudencia, yo era todo lo contrario. Todas las noches mientras ella veía la televisión, me vestía con altas plataformas de largos cordones que pacientemente ataba, cruzados a mis tobillos... no muy diferentes a las que ahora utiliza mi hija adolescente. Me maquillaba al tono de la música de ABBA para que mis catorce años lucieran de dieciocho; siempre tuve esa gran prisa por crecer y hoy quisiera retroceder. No llegaba a mi casa hasta pasar la madrugada. Lo único que quitaba mi tristeza y mi timidez era bailar hasta el amanecer. En ese tiempo era como una niña en la etapa difícil de la infancia, donde todo era prohibido, pero a la vez todo era deseado; ahora quería experimentar el mundo de las sensaciones y probarlo todo por medio de mis sentidos. Mi abuela solo oraba, y realmente sus oraciones dieron fruto, ya que en ese tiempo en más de una ocasión debió salvar mi vida, porque muchos de mis amigos del pueblo murieron por situaciones trágicas, incluyendo drogas, asesinatos y accidentes. No eran chicos malos y yo solo era una seguidora de ellos, pero el ocio de un gran grupo de jóvenes de pueblo, solos, sin supervisión, nos llevó a tomar muy malas decisiones, algunas de las cuales, para algunos, tuvieron consecuencias terribles. Un día pude haber muerto cuando un hombre mayor que era conocido de la familia me engañó y me amenazó con un arma. Negocié mi dignidad a cambio de la vida.

Al final yo tuve mejor suerte que muchos de mis amigos, seguramente por las oraciones a la Virgen. No sé cuándo me perdí en el camino, pues en el colegio mis calificaciones no eran las peores, hasta un día que me encontré con una amiga que estaba tan sola como yo y nos hicimos compañía buscando en los chicos el amor que nuestros padres no podían darnos. No caí en adicciones porque nunca encontré real placer en ellas: la marihuana solo me daba sueño y el alcohol me producía dolor de cabeza. Mientras que mis amigas se enviciaban con los cigarrillos, a mí solo me causaban unas horribles náuseas. Recuerdo un día cuando mi abuelo, quien era sargento de la policía, encontró un cigarro de marihuana de mi hermano adolescente, lo que fue un gran revuelo en la casa. No sé cómo finalmente mi hermano se las ingenió para sustituir el cigarrillo de marihuana que había encontrado mi abuelo por uno que luego rellenó de orégano, alegando que todo había sido un gran «malentendido». Al final todo se aclaró cuando mi abuelo sargento descubrió que, junto al talento artístico de mi hermano, igualmente poseía habilidades para la agricultura y la botánica, ya que adelantado a su tiempo por varias décadas, descubrió un jardín de Cannabis en el patio de la casa. Mi hermano nuevamente alegó no entender, «seguramente era flora endémica». Mi abuelo se revolvería en su tumba si se enterara de que hoy en día es legal en muchos lugares.

Como si fuera un turno adicional como sargento, mi abuelo me esperaba cada noche desvelado y sin una palabra de reproche. Nunca me pidió explicaciones cuando llegaba en la madrugada, solo me miraba a los ojos con su cara estoica y acto seguido regresaba a su cuarto. Dormía encerrado con sus armas oficiales en su habitación, a la que nadie jamás entró, hasta un día en que las puertas que abrían todos los días a la misma hora de la madrugada sin fallar no se abrieron. Ese día a las diez de la mañana me encontré a mi abuela parada frente a su puerta, que seguía bajo llave pasada la hora de su salida diaria.

—Tu abuelo murió —me dijo sin emociones.

No hubo llantos, abuela no era expresiva, pero sus ojos tristes lo decían todo. A mi abuela, desafortunadamente, solo la vi llorar por mí.

Mi primer encuentro con el poder de la mente, ese que dice que puedes atraer lo que quieres, fue probado por mi abuela. Cuenta ella misma que mientras se recuperaba de un ataque de apendicitis, miraba desde la ventana del hospital en Fajardo hacia una casa grande colonial que se hallaba al lado. Tenía flores por doquier y mi abuela soñaba despierta, imaginando que vivía en esa casa que estaba fuera de nuestro presupuesto. Un día mi abuela jugó a la lotería y para sorpresa de todos se ganó el premio mayor. Lo primero que hizo fue comprar su casa soñada, en la que también me crié. Mi abuela estaba adelantada a su tiempo y seguramente sin saberlo utilizó su propia versión de la ley de atracción para conseguir su casa, pero el destino le hizo una mala jugada, porque nunca la disfrutó. Mi hermano y yo al final vivimos en la casa junto a mi mamá y su último esposo, pero fue un lugar que bajo su tutela pasó de casa soñada a casa infernal. La ventaja más grande era que tenía aire acondicionado. En los años setenta, en mi pueblo esto era un verdadero lujo y un gran adelanto en comparación con los abanicos de mano. Uno de los recuerdos más lindos que tengo de la antigua casa de madera donde vivía con mi abuela a siete cuadras de allí, era el de ella refrescándome con un abanico español de mano. Por horas me abanicaba sin descanso, mientras yo dormía.

La casa soñada era el último intento de mi mamá para tener una vida normal, luego de haberse casado con un oficial de la marina de la Base Naval de Estados Unidos. Vivir tanto con ellos (con los norteamericanos) explica por qué hay una parte de mí que es marcadamente gringa, no puedo evitarlo, ya que por años comí, hablé y viví como una de ellos. La casa de tipo español, además de rosas sembradas a los lados, tenía un gran árbol con flores de campana. La flor era famosa debido a su té, cuyos efectos eran responsables por los síntomas alucinógenos permanentes de la mayoría de los locos del pueblo, quizás algunos de los mismos que tomaban café a unas siete cuadras de allí, en la casa de mi abuela.

Mi mamá pasó la mayor parte de mi niñez viviendo en Nueva York, pero en ese momento y durante mi adolescencia, regresó en un intento de tener una familia normal, solo que ambos, su esposo y ella, eran alcohólicos. No puede haber una familia normal ahogada por el alcohol. Me acostumbré a la música de fondo: gritos de parte y parte con los insultos más gráficos en inglés que se escuchaban mezclados entre las melodías de Barbara Streisand y Cheo Feliciano. No había forma de evitar un chapuzón de odio, algo «no andaba bien con mi mamá», su humor cambiaba sin aviso, de momento era una madre ejemplar, y al día siguiente, una desquiciada sin sentido acusándome a golpes de algún hecho que no había cometido (más tarde fue diagnosticada con más de una enfermedad mental).

Un día que no olvidaré, me acusó de robarle una sortija de esmeralda que más tarde apareció en una de sus convulsas gavetas. No era poco común que mi hermano y yo fuéramos echados de la casa en la madrugada según su humor. Constantemente me amenazaba con internarme en un centro de detención juvenil; yo vivía aterrada con esta idea. Decía que me lo merecía, que era una «bastarda» porque no tenía padre. Era el peor insulto que podía recibir. En la casa no había comida, no por falta de dinero, sino por irresponsabilidad, porque nunca faltaba el vodka; quizás esa era la razón de mi extrema delgadez. Me gustaba quedarme por días con mi amiga Yvette, quien tenía una familia normal y estable, y en cuya casa siempre se servía comida caliente y nunca había trastes sucios en el fregadero.

«¿Por qué tienes ese apellido tan extraño?», me decían mis amigos con apellidos como García, Rivera y González, mientras el mío era Koenig. La peor de las preguntas de mis compañeras de la escuela, además de cómo se pronuncia y cómo se escribe mi apellido, era temible: «¿Quién es tu papá? Nunca lo hemos visto».

En realidad, yo tampoco lo había visto.

Un día que rebuscaba entre los álbumes de fotos de mi abuela, me encontré con unas cartas arrugadas y amarillas por el tiempo. Eran de mi papá dirigidas a mi abuela, y para mi sorpresa mayor hablaban sobre mí. Una de mis referencias con respecto a este padre que no había conocido era que tenía la responsabilidad de mi apellido alemán y otra, que escribía con perfecta ortografía; su letra era especial, como la de un arquitecto. Escribía muy articulado, con una hermosa caligrafía, y como dato curioso a cada S mayúscula le colocaba una extraña raya por el centro; como el símbolo del dólar pero con una sola raya. Lo sé porque cada vez que escribía mi nombre lo hacía de esta manera. Me decían que era un ejecutivo de televisión, que vivía en Long Island y que adoraba los caballos.

En inglés, decía en esas cartas que yo era hermosa; me había visitado por primera y última vez en Puerto Rico cuando era apenas una bebé. Decía que de seguro al crecer ganaría algún concurso de belleza, lo cual nunca ocurrió. Al lado de las cartas había una foto de mi mamá y mi papá muy acurrucados frente a un árbol de Navidad, sintiéndose muy felices en Nueva York. Mi mamá era una pelirroja natural con las cejas de Elizabeth Taylor, medía menos de cinco pies y tenía la figura de Marilyn Monroe, que yo no heredé. Lo que sí heredé fue la delgadez, la palidez y la mala postura de mi padre, lo que en mi caso no fue una postura aprendida, sino un fallido intento de mi cuerpo de proteger un corazón que ya estaba roto. En la carta del pasado él decía que no podía estar conmigo, pero que de lejos velaría por mí. Fue lo más cercano que tuve a la ilusión de su amor; por años lo esperé, muy a menudo teniendo la sensación de que estaba escondido entre las personas del pueblo. Cuando mi tío, que fue como un padre, me paseaba los domingos por la plaza, yo miraba a mi alrededor y sentía que sigilosamente mi papá me cuidaba desde un lugar secreto, tal como decía en sus cartas. Hasta no hace mucho, todavía miraba entre las personas buscando alguna con su parecido, a muchos les preguntaba internamente: ¿Eres tú mi papá?

Mi mamá lo había conocido en Nueva York antes de regresar embarazada a Puerto Rico. El idilio entre ellos terminó con una guerra en corte en la que él me negó, acompañado de su esposa. Mi papá era un hombre casado, pero al final la sangre no miente, y aunque en ese día no había la tecnología de hoy, la gota de su sangre junto a la mía fueron suficientes para probar su paternidad, luego nuestro parecido lo confirmó con el tiempo.

Él quedará en la historia como un hombre que no tuvo el coraje de pelear por mí, tristemente tampoco sería el único.

No hay mal que dure cien años, dice el adagio. Más de una vez mi madre lanzó un proyectil dirigido a su nuevo esposo, a mi hermano, a mi abuela o a mí; un vaso, una manzana o un pote de Vicks (un ungüento precisamente para los dolores) eran sus armas preferidas. Todavía tengo la cicatriz en mi pierna derecha provocada por un vaso de cristal que lanzó de un lado de la sala al otro. En esa ocasión, fui una inocente transeúnte de este accidente, pues no estaba dirigido a mí. El piso de cerámica italiana estaba resbaloso por el agua, venía corriendo jugando con Karla, mi perra Doberman, cuando resbalé y mi espinilla quedó abierta por una mesa de cristal.

Mi hermano resultó con peores cicatrices. Hace algunos años me contó que antes de mi accidente, la droga y los espíritus del mal que nos acechaban en la casa de las brujas lo llevaron a hacer un plan para ahorcarse. Un día tenía la soga lista para colocársela al cuello, cuando el sonido del portón de la entrada a mi casa lo frenó. En ese momento, por providencia, yo llegaba de la escuela a una hora inesperada. Al mismo tiempo que mi hermano planeaba quitarse la vida, yo había caído enferma en el colegio con un inexplicable y fuerte dolor de estómago que le salvó la vida. Mi hermano, unos años más tarde, me contó que una vez más trataría de quitarse la vida mientras vivía en Las Vegas. Una oración a Dios pidiendo que le revelara su rostro lo salvaría. Él años después encontró la paz al tener una conversión cristiana en una campaña evangélica de Billy Graham. Una paradoja, porque mi hermano tiene un papá judío que por cosas del destino fue criado por una tía católica; es cristiano, pero su apellido y su nariz revelan su procedencia. Por muchos años mi hermano y yo estuvimos diametralmente opuestos en el tema de la religión, gracias a Dios en este momento de nuestras vidas podemos comunicarnos sin comenzar una acalorada discusión teológica. Hoy compartimos a Jesús.

Finalmente, el matrimonio de mi mamá terminó en otro «accidente», cortándose los dedos de la mano en un intento fracasado de matarse uno al otro. La decisión de la salida de mi casa fue una cuestión de vida o muerte que explica por qué a los quince años le traje un certificado de matrimonio para firmarlo: escaparme con mi novio de ese infierno era la única salida hacia la libertad y la sanidad. Mi puerta de escape fue otra tragedia o lo que pudo haber sido una peor. Quedé embarazada de mi novio, pero por el aborto no ser legal en Puerto Rico, la solución era viajar a una de las Islas Vírgenes, un nombre que ahora me parece humor negro. Al regresar no pasaron muchas horas antes de darme cuenta de que algo andaba mal y sentía que me desmayaba. No quería ir al doctor, tenía más temor de ser descubierta que de morir. Quizás la Virgen una vez más interviniera a pesar de mi desobediencia, porque al llegar de emergencia al hospital municipal, un médico me dijo que por muy poco no había muerto desangrada; mi hemoglobina había bajado y estaba a punto de una transfusión de sangre, que pudo evitarse.

En ese momento, ni siquiera con la desgarradora experiencia, tenía la madurez ni la conciencia para darme cuenta de que estaba haciendo algo tan extremo como un crimen. Cuando no hay conciencia, no hay ley que prevenga que cometamos el delito. Realmente en ese momento no tuve remordimientos. A pesar de no ser lo que me inculcaron en mi hogar, por muchos años lo justifiqué. No fue hasta hace muy poco, en mis cincuenta años, que desperté a lo que realmente había hecho a mis quince. Esa es otra historia que no descubrí hasta que el amén apareció en mi vida.

No había otro remedio en ese tiempo que casarse luego de lo ocurrido, mi mamá igualmente no tenía mucho interés en que siguiera en casa y representaba la oportunidad perfecta para escaparme por siempre de ese infierno que era mi hogar. Tomé mi documento de matrimonio y se lo llevé a mi mamá. Solo tenía quince años. Lo más inverosímil es que mi mamá en su locura no vaciló en firmarlo. No había comenzado mi primer año de escuela superior, pero ya era adulta. Cuando miraba a mi propia hija de quince años, y veía su inocencia y poca madurez, muchas veces me pregunté cómo pude siquiera tener el valor de irme de mi casa. A pesar de esto tenía un plan trazado y un gran sueño, superar ese pueblo junto a mi triste niñez. No hubo un adulto, maestro o padre de compañero que no pensara que yo tenía el riesgo más alto de todo el pueblo de perderme por siempre. Jamás regresé.

Antes de partir hacia San Juan, la gran ciudad, mi abuela me dijo:

—Quiero leerte las cartas.

—Claro, abuela.

Mirando su vasija llena de agua fijamente, recuerdo que me dijo:

—Veo que vas a tener todo lo necesario. En realidad tendrás más de lo que puedes imaginar. Vivirás en una casa blanca con dos columnas, es una casa muy grande, tiene un camino circular al frente y veo un auto deportivo estacionado allí. También conocerás a tu papá algún un día.

Al partir de la casa de mi abuela, ella quedó destruida, pero yo solo pensaba en sobrevivir. Si pudiera borrar cada lágrima que derramó por mí, hoy lo haría.

La vida en ese momento solo era una sucesión de acontecimientos que me iban ocurriendo sin plan aparente. Tenía una visión, pero no recuerdo tener la capacidad de preguntar, de planificar, de discernir o de reflexionar acerca de mis elecciones; no culpaba, no manipulaba, solo buscaba una salida de las situaciones desagradables. Esta forma de vivir se llama supervivencia, no se elige porque solo se reacciona. Cometía los errores casi en automático, pero igualmente, muy pronto me levantaba. Era el perfecto entrenamiento para desarrollar la capacidad de resiliencia y la adaptabilidad que algún día me ayudarían a enfrentar los retos del futuro. Mi ventaja era que tenía una habilidad innata de soñar y luego de no dudar de que todo era posible. Tenía un gran empuje, quizás tenía una motivación subliminal; quería probarle a aquel padre que nunca conocí que yo lograría salir hacia adelante por mí misma.

El sueño de haber llegado a una gran ciudad se desplomó rápidamente cuando tomé el primer trabajo; con solo quince años de edad, no tenía muchas alternativas. Era en una cafetería de comida china en el peor lugar, donde repetidamente los hombres me faltaban el respeto. No sabía cómo limpiar, ni siquiera sabía cómo sujetar una escoba. Mientras mis compañeros de escuela seguían protegidos en sus hogares y el colegio, solo recuerdo el nauseabundo basurero con olor a soya fermentada y los gritos del chino desquiciado, sudando copiosamente por el calor que salía de las grandes sartenes.

Tampoco me ayudaba la torcida de ojos de la compañera de trabajo que me odiaba sin ningún motivo, quizás porque podía ver en mí que detrás de aquel delantal había una niña consentida. No tenía nada, solo mis sueños. A mi pobre esposo Ricardo le tocó peor, llegaba cubierto de polvo blanco y sudor, con las manos destruidas por la construcción. Aun así, todavía le quedaba energía para asistir a sus clases de finanzas en la universidad.

Un sueño es como una semilla seca que necesita brotar, la cual nacerá siempre que aparezca un jardinero que la rocíe cuando más lo necesite. Mi sueño en ese momento era un trabajo en una codiciada tienda de ropa, veía la exclusiva *boutique* de modas de la ciudad mucho más grande de lo normal. En mi niñez no era escritora, sino claramente diseñadora; dibujar diseños de modas para mis compañeras y llevar mis creaciones al modisto dominicano del pueblo eran mi regalo. Sin embargo, más tarde tuve un vestigio en la universidad sobre mis otros dones cuando tomé una clase de psicología, que pasé con una calificación perfecta. La semilla de mi interés por la autoayuda tardó mucho tiempo en brotar. El libro de esa clase de psicología 101 era *Tus zonas erróneas* del doctor Wayne Dyer, el cual fue una primicia a lo que estaba por venir en mi vida.

No tenía dinero, pero siempre tuve un ojo especial para la moda, y con dos piezas bien combinadas que compré en rebaja, fui a la entrevista con la dueña. Virginia era una mujer sofisticada, nunca había conocido a nadie como ella, por suerte yo hablaba en inglés también y quedó impresionada con la manera en que combiné mis dos piezas de ropa de segunda para la entrevista. La moda de los colores brillantes apenas comenzaba, probablemente sintió lástima de una niña que a los quince años —cuando debería estar con sus padres— ya estaba viviendo una vida de adulta.

Trabajar en el *Bazaar* era un sueño, el olor a ropa nueva resultaba maravilloso. Muy pronto me convertí en la niña protegida de mi jefa, e igualmente yo me derretía de admiración por esta señora que vestía con ropa de última moda y que constantemente viajaba a ciudades como París y Nueva York. Lo más bonito de Virginia era que a pesar de toda su grandeza ante mis ojos, tenía mucha compasión por los demás. Fue ella la que un día me dijo unas palabras que nunca olvidé:

—Sharon, tienes una estrella. Lograrás grandes cosas, nunca lo olvides.

Lo mejor de todo es que me lo creí. *¡Tengo una estrella!*, me decía a menudo, y tomé esas palabras tan en serio que se convirtieron en mi salvavidas, porque hasta el día de hoy las llevo grabadas en mi corazón. Esas palabras dichas a una niña con una autoestima destruida por las circunstancias eran como echar agua a una planta a punto de morir de sequedad. La fe se tiene, se recibe de Dios, se adquiere o se regala; Virginia me regaló un poco de su fe.

La buena suerte me duró poco, quizás en ese momento no sabía el diagnóstico, pero un día mi frágil cuerpo ya no pudo soportar todos los cambios provocados internamente: dejar mi casa, irme a una ciudad sin familia y tener sobre mis hombros una responsabilidad de adulta, que aún no sabía llevar. Una noche sin ningún motivo aparente comencé a gritar y llorar sin parar. Caí en una depresión o quizás fue un ataque de pánico o una crisis de nervios. Eran todas esas cosas, pero no podía controlarme a voluntad. Esa madrugada mi esposo me llevó cargada al hospital gritando y dando patadas como una niña de dos años en un berrinche. No recordé nada hasta despertar tres días más tarde, pues me habían inyectado un fuerte calmante. Cuando llamé a mi trabajo tan querido, lo había perdido. Mi protectora estaba de viaje y no pudo impedir que la empleada despidiera a la niña consentida por la dueña.

Unas semanas más tarde mi hermano me llamó para decirme que me había conseguido un trabajo en un hotel. Había cumplido dieciséis años, y recuerdo que me coloqué tanto maquillaje como pude para parecer de dieciocho: ¡funcionó!

Era la época en que las computadoras en la recepción se manejaban por códigos y estaban atadas a una enorme central de información en un cuarto congelado al que llamábamos Siberia. Regresé a mi casa con el enorme libro de códigos que parecía una guía telefónica de todo el país y memoricé cada uno, me volví una experta y comencé a ganarme un verdadero sueldo de adulta.

Mi joven esposo ya trabajaba en un banco, pero luego de seis años nuestro matrimonio se desvanecía; ya no tenía quince años, habíamos crecido, no éramos niños, y el amor juvenil no sobrevivió a nuestra madurez. Sentí que el divorcio me dejaba huérfana, necesitaba un cambio, así que fui a una entrevista en Dallas para trabajar como aeromoza, que era mi sueño de consuelo. En la vida tenemos un gran sueño, el que más anhelamos, pero al mismo tiempo a menudo es el que descartamos por considerarlo imposible. El otro sueño, en cambio, es nuestro premio de consolación, con el que al final nos conformamos.

En la entrevista para trabajar como aeromoza pasé todas las pruebas, estaba feliz, pero al final perdí la oportunidad. No podía creerlo. ¿Mala suerte? A veces ocurren situaciones que no comprendemos hasta no verlas a través del lente del tiempo.

Cada atraso tiene escondido un gran salto. En realidad la enorme desilusión del trabajo y de un nuevo amor «imposible» con un hombre mayor que yo fueron el impulso que necesité para atreverme a dar el salto hacia mi verdadero sueño inalcanzable, ese que imaginaba imposible. Así fue como un día decidí ir tras mis verdaderos deseos y partí hacia la ciudad de Nueva York. Es curioso cómo una puerta cerrada puede cambiarlo todo, si hubiera obtenido el sueño de trabajar como aeromoza, mi vida habría tomado un giro muy diferente. El destino tenía otros planes para mí.

SERENDIPIA

Siempre quise ser diseñadora de modas, desde niña lo que más disfrutaba en la escuela era, a escondidas, dibujar trajes a mis compañeras justo en medio de la clase de religión. Jamás regresé al trabajo anterior, mis amigos siguieron en el hotel mientras yo me fui a la aventura. A veces las acciones sin sentido son las que nos llevan a nuestro verdadero destino. Todos me decían que estaba delirando, que cómo iba a dejar un trabajo estable con beneficios, seguro médico y alto sueldo. Ni siquiera sabía colocar un botón. No tenía lógica. En Nueva York no tenía trabajo, pero de todos modos me lancé y me fui en mis vacaciones.

Esa elección enloquecida cambió mi vida para siempre. En ese momento tenía la bendición y la maldición de no pensar bien las cosas, tan solo seguía al motor interno para hacer algo de mí misma, tal vez porque pensaba que allí dentro no quedaba nada, así que al final no tenía nada que perder.

Nueva York no fue fácil, por un tiempo compartí residencia de universidad con un cuasi matrimonio gay, ambos muchachos estudiaban en mi soñado colegio de modas. A veces peleaban, recuerdo una ocasión en que me echaron del departamento en medio de la noche congelada, creo que repetían el patrón de mi mamá de echarme a la calle cuando le molestaba. La década de 1980 ochenta era la época más peligrosa de la ciudad, así que se necesitaba aprender a caminar con urgencia y seguridad. Me tomó un tiempo dominar la forma de caminar rápido como una verdadera

neoyorquina, con las manos en los bolsillos, el ceño fruncido, cara de pocos amigos y la habilidad de darse vuelta y
gritar una mala palabra a quien se le ocurriera seguirme por
más de diez segundos. La gente era muy brusca, a menudo
me empujaban mientras estaba distraída tratando de descifrar si caminaba hacia el *East* o hacia el *West*. El primer día
fui estrenada en una gran fila de personas que esperaban
para ordenar comida griega. Cuando llegó mi turno, me tar-
dé más de la cuenta en decidir, ya que el límite de tiempo
era un segundo. Eso fue suficiente para recibir un grito del
peludo hombre: «¡Váyase a lo último de la fila si no sabe lo
que quiere!». Lloraba todos los días.

El secreto de la vida es «presentarse a la cita», dijo alguna
vez Woody Allen. Con mi estrella fui hasta un gran hotel en
la ciudad de Nueva York y me «presenté» a buscar trabajo.
Había veinte personas a quienes estaban entrevistando para
el puesto de la recepción. En ese momento, el entrevistador
preguntó si alguno de nosotros conocía el sistema del compu-
tador hotelero que tenía enfrente, e insegura levanté la mano;
para mi sorpresa y para desgracia de los demás, era el mismo
que había aprendido en mi antiguo trabajo. Gané la posición
sin esfuerzo, había valido la pena aprenderme las mil páginas de códigos de computadoras de aquella «guía telefónica»
años antes.

La serendipia me acompañaba, esa habilidad que posee
una persona para encontrar constantemente cosas por azar,
aunque en ese momento no tengan relación con lo que se
piensa que se busca. Esa era mi estrella.

Fue en Nueva York donde por primera vez me di cuenta de que existían otras religiones además de la mía. Era inevitable vivir en la gran manzana y no darse cuenta de que el mundo de la moda era prácticamente judío, mientras que la otra mitad era de la India. Los griegos eran cristianos ortodoxos, los taxistas con turbantes eran *sikhs* y los otros eran musulmanes. Mi amiga de ojos verdes y piel morena era una egipcia musulmana. En fin, mi mundo creció y pasó en menos de un instante de ser cristiano heterogéneo a convertirse en un universo diverso.

Pero mi religión era la moda. Para volverme neoyorkina adapté un estilo refinado por medio de un corte de cabello asimétrico, corto a un lado con un ojo cubierto al otro. En las discotecas por las noches imitaba a Madonna y bailaba las canciones de George Michael con un extraño, mientras mi mente se iba hacia Guillermo, el amor que había dejado en Puerto Rico.

La mejor venganza hacia un amor no correspondido es hacer algo por ti misma. Estudiaba en el mejor colegio de modas por la mañana y trabajaba como auditora en el hotel en un turno de madrugada; me dormía tanto en las clases como en el trabajo. Eso puede explicar por qué no terminé la universidad. El hotel, en la séptima avenida, contaba con más de mil habitaciones, y el lujoso vestíbulo tenía un pianista que era mi amigo. Una noche en medio de una tormenta de nieve y con la canción «As time comes by» de fondo, como de costumbre, de pronto percibí la figura de una mujer que se acercaba con un enorme abrigo de pieles. Miré dos veces.

¡Era Virginia!

—*Darling*, pero ¿qué haces trabajando en este hotel?

—Estoy estudiando en FIT, siguiendo mi sueño.

—Qué maravilla, pero entonces necesitas trabajar en el mundo de la moda. Este no es tu lugar.

Esa semana, una vez más, busqué entre mis pocas piezas de ropa algo que pudiera impresionar a la mejor oficina de compras de Nueva York. Acababa de diseñar una línea para mi clase sobre la película *Out of Africa*, así que me corté el cabello nuevamente, me quité el punk, y gracias a una chaqueta safari, una falda larga con botones y unos zapatos Oxford, conseguí un puesto de asistente de compradora. Aunque resultaba un buen trabajo, el sueldo era la mitad de lo que me ganaba como auditora en el hotel. No fue una elección difícil, lo importante no era el dinero, sino mis sueños. A veces la vida te exige algunos sacrificios, bajar un escalón para luego dar un salto. ¿Quién hizo mis citas? ¿Quién me colocó en el lugar exacto y a la hora precisa?

El *glamour* duró muy poco, me tocó ser la asistente de una «nazi» de la moda. Como en la película *The Devil Wears Prada*, esta pudo llamarse «Nazi Wears Gucci». La compradora no tenía muchos escrúpulos, y mi trabajo era cargar su bolso, llevar bastidores llenos de ropa por toda la séptima avenida y hacerle café, pero así y todo estaba feliz, porque era mi sueño.

Los judíos en mi vida, por alguna extraña razón, me han rescatado más de una vez. Unos años más tarde, de regreso a mi país y ya como toda una compradora, mi jefe judío, un nuevo protector con quien ahora contaba, me dijo:

—Sharon, necesito que me ayudes a escoger entre dos compradoras de Nueva York para que nos ayuden a recorrer el mercado.

¡Para mi sorpresa, una de ellas era mi exjefa nazi!

—Eso es fácil, jefe —dije señalando su foto—. Esta no. Karma.

La prueba de que el mundo tiene sus momentos de mostrarnos el porqué de los encuentros sucedió en esa misma compañía de San Juan. Una mañana, mi jefe me comentó que había comprado una tienda que estaba en problemas económicos, era una difícil situación y yo necesitaba ayudar en la transición. Cuando llegué al lugar me llevé otra gran sorpresa, la tienda era el Bazaar y la persona encargada, no podía creerlo... ¡era Virginia, una vez más! Se había divorciado y la tienda estaba en problemas. La abracé fuertemente. Trabajamos juntas un tiempo. Nada podía contra su optimismo. Años más tarde Virginia murió de cáncer, pero siempre será recordada en mi corazón como aquella mujer que me regaló una estrella.

Pienso que existen varios momentos en que la vida nos presenta una gran oportunidad de hacer un giro en sentido favorable. Otras veces la vida nos coloca desvíos, o mejor dicho, los tomamos nosotros, porque pareciera que vamos directo a nuestros sueños solo para ser distraídos por uno que consideramos mejor. A menudo me pregunto sobre esos cambios de ruta. ¿Son parte del camino? ¿Son parte de un gran plan que no nos hemos trazado? ¿Qué sucede con esa vida que no elegimos? ¿Podemos retomarla más tarde? ¿Son parte de la obra final que no podemos ver?

Cuando vivimos el día a día no nos damos cuenta de cómo cada puntada del tapete de la vida va perfectamente atada a otra, creando una obra que solo puede apreciarse totalmente desde el final de la vida, cuando ya no podemos hacer nada para cambiarla. Somos muy impacientes; la vida es demasiado lenta comparada con la velocidad de nuestra mente. Si hubiera sabido todos los desenlaces con anticipación, hubiera regresado a disfrutar cada día más, pero esa es la gran contradicción de la vida, necesitas vivir y arriesgarte sin garantías.

El amor es, por lo general, la gran fuerza que tiene la capacidad de quitarnos la lógica. Todo iba bien en Nueva York con mi nuevo trabajo, pero un día el amor imposible que había dejado en Puerto Rico me ofreció matrimonio. Había conocido a Guillermo en Puerto Rico un año antes de irme a Nueva York. No hacía mucho que me había divorciado de mi esposo de la adolescencia cuando lo conocí. Él fue uno de esos amores a primera vista, los cuales por experiencia sé que terminan siendo los más tumultuosos. Me llevaba veinte años, todos me decían que era un gran error, que era la búsqueda del padre que no había conocido. Pero, ¿quién puede contener a un corazón enamorado, quién puede pensar?

Nos casamos sin gloria ni ceremonia en el City Hall de Nueva York, pero era feliz. Guillermo era el hombre que más amaba y ahora se había convertido en mi esposo, aunque todo sueño alcanzado tiene un precio, y este fue dejarlo todo por él. Sin embargo, eso es el amor, ¿no? A fin de complacerlo y mantener su amor traté de colocarme en un molde para el cual no había sido entrenada. Interiormente me identificaba como mujer de negocios obsesionada por la independencia de los primeros indicios de la tercera ola feminista, pero en mis veinte encarné el rol de una señora de cuarenta, con el que pretendía desempeñar el papel de una ama de casa convencional. Me fui con él y con todas mis ilusiones desde la agitada ciudad de Nueva York hacia una isla en medio del Caribe donde todos manejaban por el lado izquierdo y parecían caminar en cámara lenta, comparado con Nueva York. La isla de Saint Thomas tiene, casualmente, el nombre del apóstol que no cree. Santo Tomás era el desconfiado, mas curiosamente ese mismo apóstol regresaría a mi vida. La isla a primera vista parecía el perfecto lugar paradisiaco para vivir un sueño. Vivíamos en una hermosa casa en la cima de una de sus altas montañas mirando el mar, con un techo en forma de catedral de madera y cemento. Cuando llovía, el sonido de las gotas en el techo era como una canción de cuna. Estaba muy enamorada, no lo puedo negar; junto a su piel bronceada por el sol pasé los momentos más inolvidables de mi juventud. Recuerdo su sonrisa y el sabor a pescado fresco a la mantequilla escuchando la canción de «Red, red wine...» de fondo. Aparte de los compromisos por sus proyectos en la construcción, yo estaba disponible a cualquier hora que él quisiera para acompañarlo a pescar en alguna roca, lo que usualmente desembocaba en largos besos salados por el mar. Las aguas eran de color turquesa transparente, mientras que los peces, las mantarrayas y las tortugas eran los testigos de nuestro amor.

Sin embargo, pasaron los días, el encanto comenzó a mezclarse con la realidad, y mientras cocinaba, limpiaba y era esposa, mi paraíso iba perdiendo color, el vacío se apropiaba de mí y no podía parar de pensar en la vida que no elegí, aquella que había dejado en Nueva York. La cúspide de mi semana en la calma de la colina era cuando llegaban las revistas del *Women's Wear Daily* desde Nueva York, el periódico de la moda. La posibilidad de trabajar fuera del hogar no era algo que le agradara a mi esposo, así que ese año sobreviví leyendo las novelas de Jean M. Auel y los libros de Carlos Castañeda, que también se confabularon para mi reintroducción al ocultismo de la niñez. Sus historias estaban escritas con una narrativa prodigiosa donde contaba sus aventuras como aprendiz del chamanismo tolteca de los indígenas yaqui. Hoy en día los toltecas son mejor conocidos por inspirar los escritos del autor Don Miguel Ruiz, de *Los cuatro acuerdos*. Los libros de Castañeda vendieron más de veintiocho millones de copias. Más tarde surgieron controversias sobre esas aventuras y la imaginación de Carlos Castañeda, pero yo estaba encantada con las lecciones de las dimensiones desconocidas, lo que poco a poco comenzó a cambiar mi manera de pensar sobre la naturaleza de las cosas. Para Carlos Castañeda la realidad era un sueño lúcido, del que en vez de despertar, quedamos dormidos, y es en la muerte y en el sueño nocturno cuando estamos en la verdadera realidad. Sus lecciones sobre las cualidades del guerrero son legendarias. «Lo que importa es que el guerrero sea impecable», decía en su libro *Relatos de poder*, publicado a principio de los setenta. Estoy de acuerdo con Paulo Coelho cuando dice que Carlos Castañeda marcó nuestra generación.[1]

Ese domingo cuando hablé con abuela pude notar algo extraño en su conversación, me hablaba de Albó, mi abuelo muerto, como si estuviera vivo, decía que la había visitado para cocinarle. Esa noche recibí una llamada que nadie quiere recibir, ya se la habían llevado al hospital con un ataque al corazón. Yo estaba en Saint Thomas, no había manera de tomar un vuelo hasta la mañana. Esa noche soñé que mi alma salía de mi cuerpo y llegaba hasta el hospital. Recuerdo los pasillos y las puertas, no la recuerdo a ella. En la mañana llegué al hospital en el primer vuelo.

Al llegar, la cara de la enfermera lo dijo todo.

—Su abuelita murió anoche.

Sentía que me habían rasgado de un tirón un pedazo del corazón. Cuando niña temía no poder reponerme de este día, pero las muertes no se reponen, se subsanan. Mi tío me contó que esa noche mi abuela igualmente no paraba de mencionar mi nombre.

¿Se habrán encontrado nuestras almas esa noche?

No pude verla viva, pero dicen que a la hora de nuestra partida, los ángeles de la muerte saben qué es lo mejor para el alma del que se va y del que se queda. Era mejor recordarla viva. La vida tiene su manera de saber compensar las pérdidas antes o después de que ocurran, a veces los nacimientos y los matrimonios llegan cuando alguien ha partido, para llenar el vacío. Mientras escribo estas líneas, una lágrima baja por mi mejilla, porque he caído en cuenta de que casi treinta años más tarde, todavía recuerdo perfectamente el número telefónico de mi abuela.

Un día mientras estaba en mi casa en la isla de Saint Thomas, abrí el periódico y encontré un anuncio donde ofrecían una plaza de compradora, solo que era en Puerto Rico, a treinta minutos de vuelo. Sin pensarlo llamé y entonces me ofrecieron la posición de compradora en una tienda por departamentos, una plaza que no era común en ese tiempo; yo lo tomé como una señal y la acepté enseguida. Por un tiempo vivía viajando entre las dos islas, regresando los fines de semana a los brazos de mi esposo en una pequeña y aterradora avioneta. Con el tiempo, mis viajes de compra de modas a Los Ángeles y sus celos acabaron por matar ese amor. Perderlo a él fue una de las experiencias más desgarradoras de mi vida, sin embargo, ahora puedo ver que fui yo misma la que, inconscientemente y poco a poco, había iniciado ese final.

Cuando alguien me pregunta: «¿A quién amaste más?», es imposible responder, porque cada amor tiene sus propias características, pero claramente Guillermo fue el que, sin duda, casi me cuesta la vida. Ese día me dijo firmemente:

—No soy el hombre para ti, solo soy un obstáculo en tu vida, alguna vez te darás cuenta y me lo agradecerás.

En ese momento, esas palabras proféticas no tenían sentido; solo quería estar con él. Se había operado antes de conocerlo y no podía tener más hijos, pero en mi mente inmadura hubiera arriesgado la maternidad por no perderlo.

En la noche, cuando me di cuenta de que no regresaría, me llené de tal angustia que en mi pequeño apartamento en San Juan, a donde me había mudado, comencé a dar vueltas y a pensar de qué manera «glamorosa» podía quitarme la vida. No es una experiencia que se repitiera en mi vida, gracias a Dios, pero me permitió entender cómo alguien en algún momento de desolación y sin tener a Dios en su vida puede llegar al fondo de la desesperanza. Cuando tocas el ruedo del abismo y te preguntas para qué vivir, el final de pronto parece peligrosamente más cerca. En el momento en que sientes que tu vida no vale la pena y que el mundo sería mucho mejor sin ti, suena la gran alarma de que necesitas ayuda profesional urgente. Esto sucede cuando nos hemos identificado con una fuente de seguridad percibida en tal medida, que al perderla pensamos que hemos muerto con ella. Sucede cuando nos identificamos ciegamente con personas, cosas, títulos y roles. Es por eso que los momentos de más estrés en el ser humano son provocados por muertes, divorcios y pérdidas de trabajo. Cuando el actor piensa que su rol temporal es toda su vida, al perder su puesto, se siente morir con él. ¿Si —el trabajo, la persona, el puesto o el apellido— no está conmigo, quién soy? Cuando miro hacia ese momento, a veces tiemblo, porque si efectivamente hubiera tenido un arma, es muy posible que la hubiese utilizado, razón por la que hoy estoy convencida de que nadie debe tener una cerca.

En la noche lancé un desgarrador grito al cielo.

Grité: «¡Dios, no quiero vivir, no quiero estar en este lugar, no sé cómo vivir, todo es muy duro! ¿Por qué no me llevas de este mundo horrible? ¡¡Porque yo ya me rindo!! ¡Haz lo que quieras conmigo!».

No dije esto en broma, sino en desesperación y ahogada en llanto. Una amiga tocó la puerta y probablemente me salvó, me hizo un té y juntas secamos el llanto que literalmente había humedecido el piso de cerámica blanca. Cuando se fue, me enrosqué en posición fetal y sobreviví la noche. Mi amiga, quien estaba al tanto de todo lo nuevo en cuanto a técnicas de sanación alternativa, desde «reiki» hasta «rebirthing», regresó en la mañana y una vez más me tomó como su conejillo de indias para tratar de quitarme el dolor, pero la angustia que sentía estaba más allá de su alcance.

Lo que ocurrió esa noche oscura es lo que sucede en una crisis cuando nos rendimos a Dios. Entregarse a Dios no era exactamente lo que las lecciones de guerrero que Carlos Castañeda mostraba; para él la fuerza estaba en el propio ser interior, pero cuando recurrí allí solo encontré más vacío. Esa noche pude ver un vestigio de una lección que me tomó años aprender y que con el tiempo cambió todo para bien: rendirnos y buscar la voluntad de Dios. Cuando ya estamos en el fondo de la noche oscura del alma, dejamos de controlar y luchar con la vida, porque finalmente podemos relajarnos. Es cuando dejamos de nadar para ser llevados por las olas hacia la orilla. Después de esa noche oscura del alma, ya no fui la misma. Continué la búsqueda con más fuerza, al tiempo que creció una obsesión por ayudar a otros y aliviar el dolor de los demás, era la voz de mi llamado y al mismo tiempo era el comienzo para tratar de sanar mi propio dolor.

TATUAJES EN EL ALMA

Algunas experiencias desagradables en nuestras vidas son como las órbitas de los cometas, ocurren la primera vez como un gran evento inolvidable que se queda dormido en el subconsciente para luego regresar periódicamente, sacudiéndonos con sus colas encendidas y recordándonos sus lecciones. Algunos son como satélites, pasan frecuentemente, pero otros tardan un poco más en regresar. Hay lecciones que no aprendemos, otras que creemos que ya aprendimos, hasta un día que vuelven para jugarnos una mala pasada, en la que muy pronto despertamos a la realidad de que todavía no tenemos la maestría sobre el juego de la vida.

En ese momento mi búsqueda espiritual se centró en encontrar el origen de estos sucesos periódicos para erradicar o cambiar su órbita. «Si no puedo evitar que regresen estos molinos de viento», me decía, «al menos quiero preparar mi alma para enfrentarlos cada vez que vuelvan». Conocerme a mí misma era el primer paso. ¿Cada cuánto tiempo pasaban las desilusiones alrededor de mi corazón? El resultado de la ausencia de mi papá fue un sentido de abandono que en gran parte marcó mi vida y mis relaciones, quizás por ese motivo en el amor aprendí a ser la primera en escapar antes de ser abandonada, un patrón que se repitió varias veces. La lógica tras el pensamiento era: si me voy primero, técnicamente no estoy siendo abandonada.

Martha Daza, poeta y mi maestra de escritura, escribió un libro de cuentos llamado *Tatuajes en el iris*; cuando lo vi quedé fascinada con el título. Ocurren sucesos en la vida que se quedan grabados eternamente en la ventana de nuestros ojos tal como un tatuaje en el iris. Esto sucede por medio de una especie de fotografía eterna, tatuada por una conclusión que queda por siempre impregnada en el cristal de la ventana de nuestros ojos. La imagen plasmada de lo que creemos que sucedió es la que coloca un juicio sobre todo lo que nos ocurre en la vida presente, porque a través de ella vemos todo lo demás.

El problema es que muchas de esas conclusiones son falsas y terminan distorsionando la imagen verdadera de lo que ocurre. Al proyectar en el presente la imagen del tatuaje del pasado, ya no sabemos la diferencia entre lo real y lo falso. Una gran parte del camino consiste en borrar esos tatuajes del iris, o al menos estar conscientes de ellos, para poder ver a través de su sombra y cambiar la historia y las conclusiones falsas que hicimos, de manera que no salten del pasado a invadir nuestro presente. No ayuda que esas experiencias estén acompañadas de las creencias o mitos espirituales que vamos adoptando en el camino, aquellos que realmente nos encadenan. Los tatuajes son los lentes empañados con que vemos, pero la creencia espiritual es la música de fondo que los acompaña: algunas melodías son silenciosas, muchas susurran; la letra de la canción a veces se repite por décadas, otras tienen el volumen demasiado alto y gritan, ya sea con culpa, negación o redención, dependiendo de su naturaleza. Desenmascararlas es el gran secreto de la paz. Borrarlas por siempre conlleva perseverancia, pero no es imposible, solo la mano de Dios puede borrar un tatuaje con su paño bañado de gracia.

Al sentarme a escribir mis memorias espirituales, mi primera experiencia fue quedarme sin palabras. Llevo toda una vida tratando de borrar los tatuajes de las ventanas del alma y ahora los necesito, pero no tengo la forma de desencadenarlos a voluntad, porque usualmente el pasado llega cuando es invocado involuntariamente por un suceso indeseado que lo provoca, el ruin botón escondido que altera la paz. Las historias personales de sanación pueden ser la forma de curarnos los unos a los otros. «El hierro se afila con hierro, pero los humanos nos afinamos los unos con los otros».[2]

SEGUNDA PARTE

Om

Om

En cierta ocasión, un gurú de la India me aseguró que si pudiéramos relajar la mente lo suficiente, seríamos capaces de escuchar el palpitar del mismo corazón del universo; en ese momento, la vibración de su sonido se escucharía como Om (aum). Según el hinduismo, la palabra en sánscrito es el máximo sonido de la vibración de la conciencia que retumba a través de todo el universo. El mantra Om es un sonido primordial de poder que se utiliza en el hinduismo y en el budismo para la contemplación, y se dice que es capaz de cambiar la realidad. En esta pequeña pero mágica sílaba, aseguran que se encuentra la totalidad del universo, tal como en una gota de agua se encuentra la suma de todo el mar.

Por otro lado, un sacerdote de las escuelas orientales del cristianismo me enseñó que la palabra Amén es una manera de afirmar una verdad; al decir así sea, todo aquello que precede a la palabra Amén se convierte en algo sagrado que se devuelve a Dios para hacer su voluntad. El Amén sella cualquier mensaje enviado a Dios y lo llena de santidad. Decir Amén es como la acción de presionar el botón de «enviar» en un ordenador para transmitir lo escrito; tiene la cualidad sin precedentes de enviar un mensaje al cielo.

Amén también es la última palabra de la Biblia, aquella con la que se cierra la totalidad de lo dicho en ella: «La gracia de nuestro Señor Jesucristo sea con todos vosotros. Amén».[1]

La primera vez que escuché la palabra Om sucedió al final de los años ochenta, bajo las estrellas de otoño de una noche fría y sin luna. Yo era una entre muchos en la colina, cantando sin cesar su sonido, creando una especie de zumbido que parecía llenar el infinito con el ruido de mil abejas. Esperábamos recibir las bendiciones especiales de Albert, uno de los muchos maestros espirituales que conocí en el camino. Estaba impartiendo un taller de una semana; era un viaje de búsqueda hacia el interior.

Una semana antes habíamos llegado de diferentes partes del mundo, desde Rusia hasta Japón, para encontrarnos en

Rosario. Nos confabulamos para llegar a un resort histórico en la isla Orcas, la más grande de las islas de San Juan, situada en el estado de Washington, en el noroeste del Pacífico. No es casualidad que los indígenas llamen a esta isla esmeralda «la joya de las San Juan Islands»; realmente es un lugar preciado con una magia especial que se percibe en el ambiente. Desde que colocas tu primer pie en la isla caes en el encanto del paisaje verde y su brisa sin humedad que tiene un peculiar olor a pino mezclado con musgo verde. Orcas es, sin duda, el lugar idílico para encontrar silencio y soledad, los cuales solo serán interrumpidos por un águila o por el sonido de alguna ballena o quizás un delfín. Sus montañas amanecen cubiertas por la neblina mañanera que reposa como abrazando sus aguas en una perfecta calma.

Orcas está localizada a un día de viaje desde Seattle y a unas diez horas de vuelo desde mi casa en Puerto Rico. Para llegar a la isla se necesita tomar un ferry desde el puerto de Anacortes, Washington. Albert nos había invitado, por medio de una carta previa, a que utilizáramos la oportunidad de cruzar el agua hacia la isla como una analogía para dejar atrás todos nuestros problemas. Según él, era mucho más fácil dejar ir cuando hay agua de por medio.

Albert era todo un señor inglés, muy educado. Entrado en los setenta años, continuaba muy activo y, entre otras virtudes espirituales, nos dijo que había sido declarado un *swami* por la imposición de manos de parte de un conocido gurú mientras visitaba la India unos años antes. La noche del Om, yo estaba ansiosa esperando su bendición, que en realidad era una transferencia de *shakti* o energía de poder en el hinduismo. Un toque que incluía un mensaje privado, recibido en trance y comunicado individualmente a nuestros oídos a través de un murmullo. Esperamos desde el atardecer hasta que cayó la noche, que cubrió todo como un telón salvo el brillo de los luceros y las estrellas, a las que parecía poder tocar si solo hacía un esfuerzo. Albert estaba sentado en una especie de trono, muy similar al que usan los verdaderos gurús: se trataba de una silla cubierta con una sábana blanca, rodeada de flores y velas.

A pesar de su vida poco convencional, por lo general Albert lucía muy tradicional, vestía con un perpetuo abrigo cárdigan de cachemira y siempre estaba impecable. No era el típico aspirante a gurú «hippie» americano, sino alguien a quien yo admiraba por su honestidad y deseo de ayudar. Se había ganado el crédito por inspirar los comienzos del famoso movimiento del potencial humano de los años setenta. Tanto en Estados Unidos como en el mundo, Albert también era conocido por ser uno de los fundadores de los Large-group awareness trainings (talleres de entrenamiento de conciencia para grandes grupos, por sus siglas en inglés LAGT). Luego de cerrar las operaciones de su taller original, algunos de sus empleados se convirtieron en fundadores de otros talleres de entrenamiento muy conocidos. Entre los controversiales talleres de LAGT se encuentra el legendario EST (Erhard Seminar Trainings) y muchos otros que más tarde surgieron de ellos. Eran especialmente populares entre las celebridades de Hollywood de los años setenta y consistían en control mental, meditación y técnicas personales para el éxito, que estaban basadas en ejercicios psicológicos específicos. Resultaban tan famosos que hasta fueron parte de una parodia en la película *Semi-Though*, con Burt Reynolds. Millones de personas, incluida yo, habíamos participado en los controversiales seminarios. De hecho, llegué a Albert precisamente para que me rescatara de una versión de sus antiguos talleres que había adquirido en la Florida.

LA LEY DE DISTRACCIÓN

La vida me sonreía; todavía no había llegado a los treinta años, pero ya sentía que vivía mi sueño en el negocio de la moda, además, ya estaba enamorada de quien luego se convertiría en el padre de mi hija. Un día, mientras trabajaba en mi estudio de diseño en la creación de un patrón de modas, recibí la llamada de Daniel, un viejo amigo que no dejaba de hablarme sobre un seminario que había tomado en la Florida, y aún recuerdo sus palabras:

—¿Qué harías tú si pudieras tener la vida que deseas?

—Yo ya la tengo.

Yo tenía la vida que quería y así se lo contesté inocentemente.

En verdad me consideraba ya una persona exitosa, al menos de acuerdo con mis valores, pero él insistió:

—¿Qué tal si...?

Daniel me dijo que la mayoría de nosotros no sabe lo que desea, y tampoco puede ver lo que necesita; de alguna manera es cierto. Yo recuerdo ese instante como el momento en que comenzó la gula por tener más. Era una ambición mezclada con angustia existencial. Ya tenía lo que quería, pero ahora deseaba más. Era la época de los ochenta y el mundo espiritual de pronto había sustituido la espiritualidad. No es muy diferente a lo que sucede hoy en día, cuando la motivación personal es una empresa de billones de dólares. La filosofía se conoce como la «ley de atracción», pero realmente debería llamarse «la ley de distracción». Se trata de expertos vendiendo sueños que no necesitamos, aun aquellos que saben que pueden estar más allá de nuestro alcance; no, yo no soy una pesimista, todavía tengo sueños y debo aceptar que fui parte del movimiento, pero ya no creo inocentemente que podamos tenerlo todo. En ese momento, estaba joven, llena de vida y ambición. Así que tomé el seminario de ocho días, el cual estaba dividido en un fin de semana básico y otro más largo que llamaban «avanzado»; era bastante costoso, incluso para los estándares de precios excesivos del final de los años ochenta.

La palabra Dios estaba prohibida en esa filosofía, siendo sustituida por energía, fuente, universo. El éxito se trataba solamente de oprimir los botones correctos del genio universal para adquirir los resultados deseados. Si no conseguíamos los resultados, entonces algo estaba mal con nuestra manera de pensar; teníamos que hacer un cambio o dar un salto «cuántico», porque nosotros mismos somos los creadores, la «causa», pues todo ocurría solo por nuestra propia voluntad.

Antes, mi vida resultaba inocente y espontánea, ahora había una explicación para todo; esta creencia era como un virus que se había alojado en mi conciencia. No me podía relajar porque yo constituía la fuente, la causa, el agente creador, la única responsable de todo. Era como caminar con el globo del mundo en mi espalda. Soltar no era una palabra de su jerga, esta vino más tarde con el budismo; más bien se trataba de todo lo contrario: no rendirse jamás, porque descansar no era una alternativa.

«Duerma cuando usted muera».

«Haga lo que sea necesario».

«Todo es posible si usted puede imaginarlo».

«Sin excusas».

El extremo de esta manera de pensar era la responsabilidad total y el pensamiento de que «nosotros somos la fuente de todo», lo que puede traer consigo un falso sentimiento de creernos invencibles y a la vez culpables por lo que no hemos conseguido, un precursor de las «estrelladas» que una creencia así puede generar en el principiante cuando se da cuenta de que no, no puede hacerlo todo.

Me tomó años descubrir que hacer lo que se ama, sin agendas de triunfo, es la definición de nuestro verdadero propósito. Realmente, cuando tenemos fe en la ayuda divina, las cosas pueden llegar a nosotros sin tanta angustia. Dios nos invita a participar en su plan como un instrumento, no a ser la fuente, él es la fuente. Cuando encontramos el propósito que Dios nos ha dado, ya no es necesario obtener motivación, lo cual es lo que hacemos cuando le pagamos a un particular para que nos convenza de hacer algo que, en primer lugar, realmente no queremos hacer, porque posiblemente es un sueño ajeno que deseamos realizar para impresionar o para obtener la aprobación y admiración de los demás.

¿Necesitamos motivaciones para comer cuando se tiene hambre? Lo natural no necesita ser forzado.

Luego, por supuesto que obtuve beneficios de los entrenamientos del potencial humano; es increíble cómo horas de sueño perdidas, un cuarto cerrado sin ventanas y el alimento limitado pueden hacer que te vuelvas «manejable y dócil», provocando que te concentres en las cosas más importantes, a las que quizás por años no habías dedicado el tiempo, incluyendo la relación con los padres, los amores, los hábitos negativos y los temas relacionados con la autoestima.

No todo fue negativo, el proceso entre otras lecciones mostraba habilidades positivas para fijar metas con tiempos determinados, y le doy crédito ya que contribuyó grandemente a que comprendiera el concepto de cómo debemos vivir con autenticidad, estar en el presente y asumir la responsabilidad por nuestros actos. Quizás lo más importante es que me ayudó a comprender mejor cómo las creencias que albergamos sobre nosotros mismos y nuestro entorno afectan nuestra vida.

Existen versiones de este curso que han sido rediseñadas, y he escuchado que por suerte son menos confrontativas. Hoy tomo estas lecciones con cuidado, ahora puedo entender que no soy responsable de todo; existen otras personas con su propio libre albedrío y no puedo cambiarlo. No puedo afirmar que estos talleres fueran la cúspide de la transformación en mi vida, pero tampoco fue un tiempo perdido, pues he obtenido valiosas lecciones de todos los caminos. Tengo que aceptar que sobre las enseñanzas aprendidas, he logrado más por eliminación que por motivación, pero esto no quita que repetiría cada momento. Dios utiliza muchos medios para que lleguemos a él, y a pesar de que su nombre no se mencionaba en los talleres, pensaba que su presencia estaba implícita en las palabras de amor y ayuda a los demás. Lamentablemente, un ambiente donde entregas tus emociones —como cualquier institución, incluyendo las religiosas— puede prestarse para manipulación, fanatismo y acciones fuera de lugar. En un momento de confusión cuando me cuestionaba muchas de tales prácticas, fue que escuché sobre Albert, quien aunque originalmente había escrito parte de ese mismo taller, se había retirado de los entrenamientos del potencial humano precisamente porque de acuerdo con él, el positivismo y la manipulación de la mente y las emociones no logran un cambio espiritual permanente. Años después de dejar los talleres originales, descubrió que es todo lo contrario, que en vez de utilizar el pensamiento positivo y cambiar la creencia para adquirir espiritualidad, el secreto estaba en dejar de pensar para así recibir la guía desde «arriba». Me decía que el secreto era mantener la mente y las emociones en silencio por medio de la meditación, para permitir la llegada de la energía del propio espíritu.

Así fue que llegué a la isla de Orcas.

Esa semana en la isla también practicamos algunos rituales con unos indígenas y hasta con un ruso que nos mostró cómo lanzarnos a las aguas congeladas para controlar la temperatura del cuerpo por medio de la mente. Aparte de toser por el humo del incienso de salvia que el nativo me echaba en la cara con sus plumas de águila, salí ilesa, tanto de la cabaña de sudación indígena, como de la bahía congelada luego de lanzarme al frío de las aguas a punto de congelación con el objetivo de controlar mi mente. Quizás esta era mi manera de practicar la mortificación del cuerpo, pero no la recomiendo, otros no han tenido tanta suerte de salir ilesos.

Cuando conocí a Albert en Orcas, ya no estaba aliado a las grandes compañías motivacionales que originó. Había viajado a la India en busca de la verdad, donde aseguraba haberla encontrado, en particular después de conocer a Sai Baba, el controversial gurú de la India que era famoso por realizar milagros extravagantes, entre ellos materializar relojes Rolex. Albert había adoptado el hinduismo como su sendero principal. En las semanas que viajaba a Orcas para encontrarlo junto con otros seguidores, tomé con él innumerables clases de introducción a la religión y la filosofía comparada, incluyendo muchas del oriente, desde el sintoísmo de Japón hasta el zen, el tao y el budismo. Albert al menos hablaba de Dios, pero su dios era una especie de genio interior, como acostumbraba a llamarlo, quizás influenciado por el Nuevo Pensamiento, ya que él también había estudiado para ser ministro de la iglesia Unity, aunque nos contó que al final desistió.

Cuando hablaba acerca de Jesús se refería a un profeta que había alcanzado una conciencia especial. La autorrealización y la conciencia cósmica adoptada del hinduismo era la respuesta de Albert. De acuerdo con él, nosotros ya éramos dioses. Su herramienta principal era un mantra que aprendió en la India: So-ham, que también son las sílabas que hoy en día muchos profesores de yoga repiten. Se trata de una palabra del sánscrito que significa «yo soy ese», refiriéndose a la creencia de que nosotros ya somos dios. En la India, este dios es Brahma. Es normal en los círculos de metafísica popular llamarse a sí mismos dios; desde los años treinta el lema «YO SOY» fue adoptado por varios grupos del Nuevo Pensamiento. Muchos motivadores de hoy utilizan estas dos palabras como una afirmación de poder, sin sospechar su historia oculta. Los que estudiamos la Nueva Era y el Nuevo Pensamiento sabemos que esto no es nuevo.

En Orcas encontré a Dios, pero no fue en los mantras, en las meditaciones o en los retos físicos, sino en el medio del bosque, que parecía estar encantado y donde todo lucía como si estuviera iluminado con un brillo especial de vida, luz y color. Vi a Dios en cada flor y en cada águila. Puedo decir que en esos momentos de soledad sentía que cuando miraba una roca, respiraba la brisa y miraba el juego de las focas, me sentía más unida a Dios que nunca.

En retrospección, puedo ver que la mayoría de las cosas hermosas en mi vida no fueron parte de una técnica especial. Muchas llegaron sin soñarlas, sin buscarlas, sin pedirlas o perseguirlas. En realidad tengo que aceptar que, generalmente, ni siquiera fueron merecidas. Solo hay una explicación: la Providencia, al fin y al cabo, no recibimos las cosas porque nos confabulemos para conseguirlas, sino por nuestro esfuerzo acompañado de la gracia. Existen ocasiones en que no hay otra alternativa que llegar a la conclusión de que Dios colabora con nuestros sueños. Aun cuando nosotros no reconocemos su existencia, él no se olvida de la nuestra.

Tuve muchos sueños personales y aún los tengo, logré muchos de ellos antes de saber sobre la ley de la atracción y el discurso motivacional de «usted puede tener todo lo que quiera, si solamente (tres puntos suspensivos)». Pero mis logros no habían sido el resultado de la práctica de un mantra o de una fórmula especial, esos sueños se habían hecho realidad gracias a mi persistencia, trabajo duro y a la toma de decisiones correctas (después de muchas equivocadas). Muchas de las enseñanzas del mundo de las ideas motivacionales invitan a reparar lo que no está roto y a conseguir lo que no necesitamos, y al final esto termina siendo la causa mayor de angustias y pérdidas que precisamente suceden mientras estamos distraídos persiguiendo encontrar lo imposible.

«CALIFORNIA DREAMING...»

Al mismo tiempo que atendía los negocios de modas continué mi búsqueda espiritual, en esta ocasión en Los Ángeles, una ciudad que visitaba frecuentemente en mis viajes de negocios. Para bien o para mal, el sur de California siempre ha sido la cuna de las ideas progresistas. Lo bueno y lo malo, todo parece entrar a Estados Unidos por el portal de California; la espiritualidad no era la excepción, y estarás de acuerdo conmigo en que eso sucede incluso hoy en día. Los Ángeles, junto a Mount Shasta, Austin, Boulder, Sedona y Portland siguen siendo sinónimos de «vida alternativa». Tal como dijo *Los Angeles Magazine*: «Hace medio siglo, el sur de California se había atribuido más swamis, mediums y yoguis que ninguna otra ciudad al oeste del Hudson. Si olía a incienso, masala o a espíritus reencarnados, seguro tenía una dirección cerca de L. A.».[2]

En cada viaje de negocios que daba me iba adentrando más y más en la subcultura de las nuevas ideas de la «vida alternativa» del oeste de Estados Unidos. Eran los años noventa, pero ya estaba incursionando en ese nuevo mundo bohemio que constituía un remanente de la era de Acuario. Acompañando a esta cultura se encontraba todo lo que era orgánico y vegano, incluyendo la comida cruda y las cenas macrobióticas. Los colónicos habían sustituido los faciales para mejorar la piel. Siempre había un nuevo lugar para comer, hablar, meditar, hacer yoga o escuchar algún espíritu canalizado del más allá. Luego de largas horas de trabajo caminando por los almacenes de ropa y telas en el centro, el Downtown de Los Ángeles, mi actividad favorita para bajar revoluciones era tomar té mientras rebuscaba cada estante de The Bodhi Tree, la legendaria librería Nueva Era de moda que estaba localizada en la Avenida Melrose, al oeste de Hollywood. The

Bodhi Tree era la tienda por departamento por excelencia de las librerías de ocultismo, la cual se había elevado a la fama gracias a la actriz Shirley MacLaine y su éxito taquillero *Out on a Limb* [Cita con los dioses], una película sobre el libro del mismo nombre donde relataba sus experiencias con OVNIS en Machupichu, sí, con objetos voladores no identificados; eso era muy común en esta época.

Todos queríamos ser como Shirley y nos parábamos debajo del estante lleno de libros para que sobrenaturalmente cayera un libro especial en nuestra cabeza, tal como le sucedió a ella. No sé si fue parte de una gran casualidad, pero a mí también me pasó, un libro cayó sobre mi cabeza, aunque probablemente no fue tanto por gracia divina como por el caos y el desorden que dejábamos los lectores. La librería Bodhi se llamaba así en honor al árbol bajo el cual se dice que el Buda se había iluminado. No era poco común que en este lugar las horas pasaran sin darte cuenta entre el encantamiento del olor a incienso, las cartas astrológicas, los atrapasueños indígenas, los amuletos, las runas, las campanas y las grandes piedras de cuarzo. Este era el sitio preferido donde nosotros, los seres «privilegiados», adelantados y de mente abierta podíamos aprender sobre los avatares y recibir los mensajes de los seres pleyadianos de luz, supuestos extraterrestres a cargo de la tierra.

Era el lugar designado para encontrar los secretos que estaban fuera del alcance de las personas «ignorantes y de mente cerrada». Hoy puedo ver que muchos de los temas del chamanismo, el poder interior y la canalización de espíritus de la actualidad son versiones recicladas de esos *best sellers* del ayer. Aquí retomé mis viejas lecciones de Carlos Castañeda y su libro *Las enseñanzas de Don Juan*, una manera yaqui de conocimiento.

No había límite sobre lo que pudieras encontrar en estos escaparates llenos de libros de alquimia, ciencias ocultas, e incluso satanismo. Un día aprendí algo inesperado cuando la curiosidad ganó, me llené de osadía y abrí las primeras páginas de un libro satánico. Para mi gran sorpresa, sus lecciones no sonaban oscuras, sino bastante atractivas. Me atrevo a decir que sus lecciones apuntaban más a lecciones de atracción y prosperidad que a un encuentro cercano con el exorcista. «Haz lo que deseas, puedes tenerlo todo, tus deseos son ley, puedes ser un dios...». Lo cerré de un tirón antes de ser poseída por el mismo demonio. Uno de los atributos del diablo (sí, creo definitivamente que existe) es que nos engaña con medias verdades. Solo de pensarlo, me da escalofrío...

La Nueva Era no fue la única influencia espiritual que adopté de Los Ángeles, igualmente tuve mi influjo de los roces multiculturales normales con los negociantes judíos de Irán de la industria de textiles, quienes, aparte de enseñarme grandes lecciones de los mercados, de igual modo me expusieron a los sabores, la cultura y los sonidos de Persia. Doy crédito a mi amigo John por introducirme a los poemas de Hafez, el célebre poeta persa conocido por sus expresiones de amor, espiritualidad y protesta, que pudiera decirse es la contraparte de Rumi, el conocido poeta sufí. Sentada en el suelo y en medio de negociaciones y rollos de telas, nuestras conversaciones para encontrar el sentido de la vida podían tomar largas horas. La amistad, la familia, la lealtad y los valores son parte integral de los judíos, quienes por alguna razón siempre han tenido un papel importante en varios momentos de mi vida. Aparte de Virginia, quien me regaló una estrella, atribuyo a George, un manufacturero judío de Los Ángeles, otro momento significativo para mis sueños. A veces un encuentro casual puede cambiarlo todo. Conocí a George, que también era persa, junto a su asistente Letty en una convención de modas en Nueva York cuando intentaba darle un modelo para que lo fabricara. Ese modelo resultó en miles de piezas de ventas, lo cual nos benefició a ambos, a mí como compradora y a él como manufacturero. Fue algo que repetimos varias veces, pues tenía la habilidad natural de identificar ganadores. Un día mientras cenábamos, me dijo:

—¿Sabes que tienes una habilidad anormal para identificar modelos de ropa?

—¿Tú crees?

—Claro. Creo que en vez de compradora deberías pensar en ser manufacturera.

Era una idea que jamás se me hubiera ocurrido. Trabajaba como compradora de modas, pero al final solo era una empleada con un sueldo módico.

—Pero... ni siquiera sé como comenzar, no tengo ahorros ni crédito, no sé nada de manufactura.

—Sabes lo principal, elegir un ganador, anda, anímate, yo te ayudo, utilizas mi crédito mientras te estableces.

George era un chico inteligente, para él nada parecía imposible. A su corta edad era muy exitoso y vivía tal como manejaba por la 101 de Los Ángeles... ¡muy rápido! Acepté su oferta. Pero cuando llegué a casa en frío, sin el calor de la emoción, me sentía aplastada por cada excusa por la cual mi gran sueño fracasaría. Comencé el negocio con unos dos mil dólares y el crédito de mi amigo manufacturero. El principio fue bastante convulso, no sabía nada de manufactura y los errores en los patrones y los problemas con los contratistas no se hicieron esperar. Tomó tiempo, pero mi compañía comenzó a dar frutos.

La influencia persa no tardó en sentirse en mis preferencias. Aparte de mis gustos aprendidos, como el helado de pétalos de rosa y el tah dig, fue mi amor por el sonido del tar —la guitarra iraní— el responsable de que conociera otra importante religión del oriente. Los deseos de boda de mis amigos se hicieron realidad. Había conocido a mi futuro esposo cuando unos buenos amigos en común que trabajaban en la industria de la moda nos invitaron a una cena para celebrar su aniversario. Inmediatamente surgió una camaradería especial en la conversación con este comerciante cubano de carácter fuerte y suave a la vez, que además de su sinceridad, me cautivó con su buen humor.

Mi boda estaba cerca y me había encaprichado en encontrar un músico que tocara la guitarra iraní, lo que en Los Ángeles no era extraño, pero en Puerto Rico resultaba imposible. Al preguntar me dirigieron hacia al único ser posible en toda la isla que podía hacerlo, un importador de alfombras persas, por supuesto. Su nombre era Amir y no estaba nada interesado en tocar en la boda de una extraña.

—No hago bodas —me respondió—, menos si hay alcohol.

Brinqué de felicidad. Él me miró con curiosidad.

—Perfecto, es que en mi boda no habrá alcohol. Le dije entusiasmada.

Mi futuro esposo, luego de un momento de lucidez espiritual, había decidido no probar más alcohol, así que acordamos hacer una boda «seca». A Amir le pareció curioso que no incluyéramos el alcohol en nuestra boda, pues esto en Puerto Rico solo es posible en una boda evangélica de extrema, y nos preguntó:

—¿Qué clase de boda están pensando?

La verdad es que no sabía lo que quería, aunque sí sabía lo que no quería: una boda convencional, esas que terminan con un «Hasta que la muerte los separe», lo cual me sonaba hipócrita considerando mis matrimonios anteriores.

Fue en ese momento que Amir invitó a mi futuro esposo y a mí a una cena especial con una pareja de amigos suyos. Ese fue el día que aprendí lo que era la fe bahá'í, una religión relativamente joven originada en Irán, apenas en el siglo diecinueve. Te sorprenderás de que uno de los templos más grandes e impresionantes de Nueva Delhi, India, con una gigantesca estructura en forma de flor de loto que parece bajada de otro planeta, no es hindú sino bahá'í. Su sede principal es La Casa Universal de Justicia, un hermoso monumento que está en Haifa, Israel.

El alcohol está prohibido entre sus miembros, razón por la cual finalmente Amir aceptó tocar en nuestra boda. Ese día servimos cidra sin alcohol y no todos estaban contentos con mi selección de «bebidas». Una de las características de la boda bahá'í es el requisito de que los padres estén de acuerdo con la boda, ya que al final no se casan dos personas, sino dos familias. En el rito de bodas bahá'í, como en el rito cristiano católico de oriente y a diferencia del rito latino de la iglesia católica romana, no hay votos. Como no hay clero ni pastores, la pareja se casa a sí misma directamente con Dios frente a unos testigos. En vez de decir: «Hasta que la muerte nos separe», el matrimonio bahá'í se supone que sea para toda la eternidad (un tiempo bastante largo) y en vez de decir: «Sí, quiero», se declara: «En verdad todos acataremos la voluntad de Dios». Los representantes de la fe recitaron los votos escritos entre las cuerdas del tar. La boda se celebró junto a la brisa de un invierno tropical y la vista embriagante del mar.

Así fue que se me dio el sueño de escuchar el tar persa en mi boda, el cual Amir tocó sentado en una de sus propias alfombras persas, que al final terminó en la sala de mi casa. La tarde, a pesar de un inconveniente (nunca llegó el fotógrafo), fue mágica y continuó con música de jazz latino. Mi regalo a los asistentes fue una pequeña caja de cuarzo, cubierta de amatista. La boda, al final, se terminó temprano; el secreto de una fiesta corta es no ofrecer alcohol.

Yo nunca me hice miembro formalmente de la fe bahá'í, pero por muchos años asistí a los grupos de oración que organizaban mis amigos en su casa, acompañados por la comida persa que recibíamos de las manos de un ángel. Cada semana se organizaba el círculo de oración interreligioso; cristianos, musulmanes y budistas hacían la oración según su fe. Farahnaz era el ángel persa que jamás olvidaré, esta bahá'í es una de las personas más hermosas y llena de Dios que he conocido; ya partió de esta tierra, Dios la tenga abrazada en su cielo.

Cualquiera pensaría que una vida ocupada en los negocios y un nuevo matrimonio saciarían mi sed espiritual, pero mi búsqueda continuaba, quizás porque estas cosas llenaban mis metas, pero no satisfacían mi espíritu. Un día, mientras caminaba por la ciudad de Los Ángeles, me tropecé con un estante que tenía un surtido de magacines, entre ellos uno de *The Learning Annex*, una compañía que se dedicaba a impartir cursos de educación continuada para satisfacer la cultura de Los Ángeles, que vivía obsesionada por el conocimiento de nuevas ideas por medio de cada curso de «Cómo hacerlo todo mejor...». Ellos eran responsables de los talleres con personajes reconocidos y temas muy diversos, que incluían desde los secretos de bienes raíces hasta cómo hacer hechizos.

Cuando abrí el calendario, me encontré con que el doctor Wayne Dyer, autor del exitoso libro *Tus zonas erróneas*, una biblia moderna de psicología y un fenómeno de ventas, estaba impartiendo una charla en Los Ángeles esa semana. El doctor Dyer era mi héroe, y ese fue el primer libro de motivación que leí a los quince años y luego en la universidad. Era una oportunidad que no podía perder. El día llegó y me senté en primera fila, «hipnotizada» ante el doctor Wayne Dyer mientras hablaba a unas cuatrocientas personas en el auditorio del centro de convenciones. Era un conferenciante encantador, con una sonrisa cautivadora; su discurso resultaba relevante y lleno de ricas experiencias personales. Yo estaba fascinada con su optimismo. Igual podía identificarme con su experiencia de abandono: había sido un niño acogido por un programa de adopción cuando en más de una ocasión su madre no pudo cuidarle. A mi propia manera yo también había sido víctima de abandono, y aunque mi mamá no cumplió sus amenazas de internarme, pienso que como resultado ambos teníamos ese deseo de ayudar a otros a encontrar inspiración y sentido a la vida.

En el intermedio de la charla, pensé que sería una magnífica idea llevarlo a Puerto Rico, pero no tenía experiencia organizando eventos y tampoco tenía el valor de preguntarle. No había terminado el pensamiento cuando me tropecé con

Wayne mientras salía del cuarto de servicio de caballeros. Con su bella sonrisa me dijo un gran hola; yo me congelé. No fue hasta el final del evento, luego del último autógrafo en una larga fila, que me armé de valor para invitarlo a Puerto Rico. Él aceptó mi invitación y este fue el principio de mis años organizando eventos para autores conocidos de la Nueva Era.

Llegó el día de la charla del doctor Dyer en un centro de convenciones al lado del mar en Puerto Rico. Luego de su trotada de ocho millas, tuvimos un desayuno. Recuerdo su sonrisa contagiosa y la manera en que miraba con toda su atención a quienes se dirigían a él, como si fueran la última persona en el mundo. Era un hombre honesto con un enorme deseo de marcar una diferencia en cada persona que encontraba.

El doctor Dyer comenzó su exitosa charla, que organicé junto a un amigo, con la asistencia de unas quinientas personas, pero no habían pasado treinta minutos cuando del público se levantó un hombre alto, vestido como un ejecutivo, que llevaba en su mano un maletín. Lo vi dirigirse directamente a mi escritorio con una actitud agresiva.

—¿Quién es el responsable de organizar este evento? —me gritó.

—Pues, yo. ¿Cómo puedo ayudarle? —le respondí un poco intimidada.

—Me inscribí en esta charla para obtener créditos de educación continuada en psicología. No vine a pagar para escuchar sobre Dios y menos sobre magia. Quiero que me devuelva mi dinero —me dijo bastante alterado.

—Por supuesto, sin ningún problema.

Nuestro amigo el psicólogo tenía un punto a su favor, pues el mensaje del doctor Dyer había cambiado drásticamente desde sus días de *Tus zonas erróneas*. Su charla ciertamente ya no trataba de psicología ortodoxa. Wayne acababa de lanzar un nuevo libro llamado *Tus zonas mágicas* y con él había cruzado formalmente la línea, partiendo del género de la psicología al de La Nueva Era, que es una amalgama de creencias que incluye desde las canalizaciones y el zen, hasta la reencarnación. Sus nuevas lecciones de atraer milagros por medio del poder de la mente eran muy atractivas y esperanzadoras en un mundo donde el sacrificio y el sufrimiento, sin la alternativa de poder cambiar las circunstancias, eran la norma. Luego del evento y de haber terminado su firma de libros, tuve otra oportunidad de conversar con el autor. Fue cuando me preguntó por mi matrimonio y cuánto tiempo tenía de casada.

Realmente, acababa de casarme. Tenía treinta y cuatro años.

—¿Es tu primer matrimonio?

—Es el tercero —le respondí—, pero me gusta pensar que el primer matrimonio no fue una elección consciente, era muy niña, solo tenía quince años, muy joven para tomar decisiones.

Di una larga explicación sin respirar, más como manera de disculpa y justificación que de información.

Las decepciones amorosas no son un sello de disfuncionalidad necesariamente, del mismo modo existen matrimonios de largos años que pueden catalogarse como un fracaso. Un mal amor puede ocurrirle a cualquiera, sea religioso, ateo, psicólogo o santo, todos tenemos derecho a tener caídas. De hecho, podemos mostrar a otros cómo levantarse gracias a ellas, porque cada fracaso nos hace más fuertes, aunque también puede debilitar el alma. Si hemos sobrevivido ayudando a otros, es porque algo hemos aprendido, porque muchos caen, pero no todos se levantan.

Al final, ninguna lección de autoactualización, motivación, uso de afirmaciones, espiritualidad, autoayuda y guía interior pudo evitar que unos años más tarde, una vez más, ambos fracasáramos en nuestro respectivo tercer matrimonio... He descubierto que nuestros retos no siempre podrán ser evitados con un pensamiento positivo, porque el subconsciente a menudo tiene otra idea escondida sobre lo que cree que merecemos. No podemos olvidar que las apariencias exteriores engañan, a veces los matrimonios más duraderos son los más enfermos. Claro, esto no es una excusa para dejar de hacer todo lo posible a fin de sanarlos; creo que el amor es una elección que debe estar resguardada por el compromiso, pero a veces se nos olvida incluir a Dios en la ecuación de las técnicas. En la vida habrá pérdidas, enfermedad y corazones rotos, es parte de la temporalidad de las cosas. Muchas de estas técnicas, aunque nos lo impidan, nos ayudarán a manejarlas. No siempre estamos siendo negativos ni haciendo algo mal necesariamente, a veces a pesar de nuestras mejores intenciones ocurren situaciones desagradables. Temporal es lo que es del tiempo. En el tiempo lo único seguro es que cambia, se va, se desvanece, sus páginas pasan sin clemencia.

Muchas veces jamás tendremos una respuesta firme de por qué nos suceden ciertas cosas en la vida; la fe es la certeza de que algún día lo comprenderemos todo. Nos desilusionamos porque confiamos más en lo que queremos ver que en lo que no se ve. Repetimos patrones de nuestra niñez en un intento por sanar y liberar nuestros dramas, pero a veces solo terminamos repitiendo lo que no queremos experimentar.

Comprendo bien lo que se siente al perder un amor, y cuando ocurre, nada puede evitarlo. Años más tarde, yo también había perdido a mi tercer esposo en un divorcio. Siempre me cuestioné si esa historia en común de abandono cuando éramos niños jugó algún papel en nuestra incapacidad de mantener una pareja siendo adultos.

El doctor Dyer falleció en su residencia en Hawái y con él murió toda una época de autoayuda, sin duda ha dejado una huella imposible de repetir.[3] Al final vivió una vida plena donde compartió al máximo sus dones con los demás. Cuando lo recuerdo, siempre sonrío. Dios lo tenga en su cielo.

Unos meses después de aquella visita, el mismo doctor Dyer me conectó con la oficina de su amigo el doctor Deepak Chopra, el prolífico escritor, para organizar otro evento. En ese momento acababa de lanzar un nuevo libro, *Las 7 leyes espirituales del éxito* (1994), que hoy es un clásico de la sección de metafísica. El libro es un manual para el éxito que ha vendido millones de ejemplares. Deepak es también un endocrinólogo que había sido devoto de Maharishi Mahesh Yogi, el mismo padre de la meditación trascendental o TM. Maharishi, quien es mejor conocido por su encuentro con los Beatles a principio de los setenta, entre otras canciones inspiró *My Sweet Lord*; si recuerdan el coro, decía *Hare Krishna, Hare, Hare*. La relación de los Beatles con el Maharishi al final terminó empañada de rumores, pero para su crédito algunos alegan que en muchos aspectos fue la salvación del grupo. Al menos les ayudó a hacer un cambio hacia la meditación, como un modo más sano de encontrar experiencias espirituales.[4]

Antes de traerlo a Puerto Rico quería conocer al doctor Chopra y viajé para participar en un taller que estaba impartiendo en un hotel en Arizona, que se llamaba «Seduction of Spirit» [Seducción del espíritu]. El seminario de varios días consistía en charlas sobre el Ayurveda, los beneficios de la meditación y su libro *Las 7 leyes espirituales del éxito*. Recuerdo otras sesiones donde también aprendimos acerca de una técnica que utilizaba un mantra, asignado especialmente, que debíamos repetir como parte de una meditación, y que era sin duda una versión de la meditación trascendental, similar a la que su antiguo gurú Maharishi había popularizado.

Haciendo honor a su libro, el evento en Puerto Rico fue todo un éxito y a él asistieron desde amas de casa hasta médicos. El doctor Deepak Chopra popularizó, por medio de sus libros y su empresa, la meditación y la habilidad espontánea de la sanación del cuerpo-alma. Además de promover productos del Ayurveda, Deepak llevó la teoría cuántica al conocimiento popular, lo que tampoco ha estado libre de polémicas provocadas por científicos que cuestionan su versión hindú-cuántica. Pienso que para el crédito de Deepak, algunas de esas propuestas hoy no suenan tan improbables. Luego de varios experimentos importantes dignos de una película de ciencia ficción, no es extraño decir que la información viaja más rápido que la luz y que el electrón es solo una probabilidad. A simple vista pareciera que la comunicación de estas partículas a distancia se vincula a la no-localidad de la conciencia de la que tanto habla Chopra. No es casualidad que a estas teorías se les conozca en los círculos de los científicos como el «efecto fantasma».

Sus lecciones sin duda tienen sugerencias que han ayudado a mejorar la vida de muchos; coincido con las palabras del doctor Chopra sobre la observación del comportamiento de una célula, en la que podemos ver la increíble capacidad inteligente de organización de la naturaleza. «Estos son los pensamientos de Dios; todo lo demás, son solo detalles».[5]

Los americanos nos hemos convertido en hindúes, al menos conceptualmente, sugiere un artículo de la revista *Newsweek*.[6] En el escrito, Stephen Botero, profesor de religión de la Universidad de Boston, llama a este fenómeno la «religión de la divina deli-cafetería», «se trata de utilizar lo que funcione, sea misa o yoga», dice el profesor. Un estudio reciente lo confirma cuando revela que el treinta y cinco por ciento de las personas no visita un solo lugar de adoración, sino varios.[7] La individualidad es ahora resaltada, quieren ser libres en su búsqueda y en su relación con Dios, la que ven como algo personal. La relación personal con Dios sin ritos e instituciones es igualmente una línea protestante, ellos tienen «una relación personal con Dios». Muchos que fueron a la universidad ya no piensan que la Biblia es literal ni que Dios es un hombre con barba en el cielo. Buscan otro lenguaje para explicar a Dios, uno que sea más abarcador e inclusivo. La globalización ha sustituido al absolutismo, y es difícil creer que solo los cristianos van al cielo. Nos hemos revelado desde una «teocracia» hacia una democracia sideral.

En la actualidad la mayoría somos hinduistas y no lo sabemos. Aparte de los libros de filosofía de oriente y la proliferación de los templos budistas y sus gurús, así como del yoga, los números no mienten, una cuarta parte de los americanos ya no cree ni en el cielo ni el infierno.[8] Muchos de ellos tienen una idea diferente al cristianismo sobre la vida después de la muerte, ya que la cuarta parte cree en la reencarnación[9] y más del cuarenta por ciento de los americanos hace meditación.[10] También morimos como los hindúes: en el cristianismo el cuerpo es parte de la creencia de la resurrección de los muertos, pero la mayoría incineramos los cuerpos como en la India. Mientras la India la practica como modo de liberar al alma de la materia que la atrapa, nosotros usamos la cremación por todo lo contrario, más bien por estar apegados a la materia, ya que curiosamente lo hacemos porque la incineración es más económica que pagar un entierro.

Hoy en día la influencia del Om en Estados Unidos ha crecido a pasos agigantados; se dice que la industria del yoga genera veintisiete billones de dólares americanos con veinte millones de practicantes.[11] Muchos responsabilizan a los Beatles por el comienzo de la influencia del hinduismo en Estados Unidos, pero aunque tienen una gran parte del crédito de ayudar en su propagación, son los escritos de Ralph Waldo Emerson y su escuela del trascendentalismo, fundada en 1836 junto a Henry David Thoreau y Walt Whitman, los que verdaderamente comienzan el torrente imparable de la filosofía de oriente en el occidente. El escrito «Compensación», de Emerson, ya habla sobre la ley del karma, influenciado por sus estudios de los *Vedas* y los *Upanishads*, libros sagrados de la India. La vedanta occidentalizada ha inspirado más movimientos y libros de autoayuda de lo que podemos imaginar, desde la Nueva Era, los autores e iglesias del Nuevo Pensamiento, hasta los nuevos gurús de la autoayuda.

EL SECRETO DE TODO

Gu significa oscuridad y *Ru* quiere decir luz, entonces gurú es aquel maestro que lleva al discípulo de la oscuridad a la luz. En California, ya había sido expuesta a algunos gurús de la India. La meta de muchos peregrinos es encontrar su gurú vivo o muerto, porque según la tradición, aun desde la otra vida puede seguir guiando a sus estudiantes hacia la iluminación. La mayoría buscaba activamente a un gurú y lo hacía visitando los diferentes ashrams de moda. ¿Quién no ha leído *Autobiografía de un yogui*, de Paramahansa Yogananda? En Los Ángeles, su ashram era mi lugar predilecto para ver el atardecer más espectacular del oeste de Estados Unidos. Era un jardín celestial en la altura de las montañas en la avenida Pacific Palisades que tenía una hermosa vista panorámica al Pacífico. Nunca había conocido a un yogui en persona y tampoco se me había ocurrido buscarlo. Esto cambió una noche a principios de los años noventa, cuando un amigo negociante de la India me invitó a una cena privada dedicada a un invitado de su familia, a quien él describió como un santo de su país. Mis amigos eran una familia conservadora y tradicional de la India. Esa noche de estrellas, su hogar se vestía de bellos saris en colores brillantes y la brisa fresca nos arropaba junto a un aromático olor a curry que emanaba de su cocina. Nos sentamos sobre sábanas blancas en el piso como es costumbre en la India, los hombres a un lado, las mujeres al otro, con la música de tambor, panderetas y campanas acompañando mantras y canciones en hindi, incluyendo la conocida *Hare*

Hare. De pronto hubo un extraño silencio, miré hacia todos lados, algo diferente se sentía en el ambiente. En ese momento entró a la sala un ser vestido con una túnica blanca, no era muy alto, pero tenía la presencia y la luz de un gigante. Casi vi luces a su alrededor. Mis ojos quedaron fijos en los suyos, que se perdieron y se reencontraron en su alma. Era admirado por sus discípulos, pero su humildad escondía una persona venerada en su país; más tarde vi a gurús más conocidos besarle los pies, como se acostumbra en su tierra. No era la imagen del gurú de pelo largo y barba que acostumbraba a ver en Los Ángeles.

Conmigo siempre se portó impecable, nunca me pidió dinero, jamás sus lecciones fueron de manipulación ni control, ni él era un medio para mercadear productos ni vender mantras. Realmente era muy admirado, lo que comprobé una vez que lo acompañé junto a sus seguidores a un importante congreso interreligioso mundial, donde pude ver cómo otros líderes muy reconocidos lo veneraban besándole sus sandalias.

Mis encuentros con este gurú sucedieron intermitentemente por más de una década. Recuerdo que un día, sentada a sus pies, me hizo unas bellas historias de sus experiencias con su propio gurú en la India, cuando todavía vivía. Le pregunté que si para tener iluminación necesitaba tener un gurú. Me respondió que no era una condición, pero que para él hubiera sido muy difícil hacerlo solo.

—El mundo es una ilusión en la que necesitamos una guía de luz para ver en la oscuridad.

Yo no le veía tanto como un gurú, sino como un guía espiritual, porque para un hindú, un gurú es mucho más que un líder y un maestro; para ellos, tiene el poder de mostrar el camino y hasta ayudar, según su tradición, en el manejo sobrenatural del karma, o sea de las consecuencias de las vidas pasadas. En una ocasión tuve problemas con sus seguidores cuando se me olvidó qué era un gurú: un día, como todo un caballero, me dejó pasar frente a él, y yo inocente acepté, cuando se suponía que jamás me adelantara a sus pasos. Tampoco podíamos sentarnos y que la planta de nuestros pies estuviera en su dirección.

A veces recibir la guía formal de un gurú conlleva una iniciación y aceptación personal, yo nunca me comprometí formalmente, y él tampoco me pidió que lo aceptara como gurú.

—¿Cómo reconoció a su gurú? —le pregunté un día.

—El gurú llega cuando el discípulo está listo. Él escoge al discípulo, no lo contrario. En mi caso, mi propio gurú me hizo una gran prueba, diciéndome un día que mirara al cielo. Ese día el sol estaba resplandeciente.

Entonces su gurú le preguntó si era de día o de noche, a lo que él respondió que por supuesto era de día.

—Mi gurú —continuó— me aseguró entonces que estaba equivocado, que mirara de nuevo al cielo, porque era de noche.

Me relató cómo cuando miró de nuevo al cielo, para su sorpresa se había tornado de noche. La lección era que el gurú le aceptaría cuando confiara más en él que en sus propios ojos. Era una metáfora, porque no acostumbraba hacer alarde de demostraciones milagrosas y, a pesar de la adulación de sus devotos, siempre insistía en que era una persona normal, aunque sí fui testigo de algunas peculiaridades. Entre otras cosas, cuando quedé embaraza predijo que tendría una niña.

En la India, se practica dar un nombre en hindi al seguidor, el mío fue Angeli; buscándolo hoy ese nombre en sánscrito significa «regalo u ofrenda». En otra ocasión también me contó sobre mis vidas pasadas en la India. Después de esas conversaciones no me quedó otro remedio que creer en la reencarnación. Existen creencias que luego de escucharlas muchas veces por tantas personas son aceptadas como ciertas. En ese momento era laxa, pero me consideraba católica, y aunque hoy mi fe me lleva a diferir con algunos conceptos teológicos del hinduismo, como la reencarnación y la divinidad de Jesús, entre otras cosas, tengo que reconocer que en ese momento de sequedad espiritual sus lecciones me llevaron a acercarme más a Dios que las de ninguna otra persona. Hoy no creo en la reencarnación, pero tampoco descarto la posibilidad de la existencia de la multidimensionalidad y la naturaleza ilimitada del universo, después de todo, la eternidad es un lugar fuera del tiempo. Creo firmemente que el cielo es mucho más que un espacio azul con nubes, al final Jesús mismo dijo: «En la casa de mi Padre, existen muchas moradas».

Los cristianos creemos en el cielo, esa otra dimensión donde nos encontraremos con nuestros seres queridos. Nos llena de esperanza saber que existe una continuación. Como cristiana, la conciencia de la trascendencia de los que viven al otro lado del velo de la eternidad me da paz, y sigo orando por ellos. En el judaísmo existe una variedad de creencias sobre la vida después de la muerte. He conocido a algunos que no creen en la vida eterna, pero igualmente se esfuerzan por cumplir sus leyes y tradiciones haciendo el bien en el ahora, mientras que otros siguen las enseñanzas de su tradición, como los escritos de la Torá que mencionan la vida después de la muerte.

Varias culturas indígenas también viven en conexión con sus ancestros al otro lado de ese velo. Recuerdo una ceremonia en la que participé en Hawái con un grupo de sanadores nativos de Maui, donde al lado del rugiente mar y al amanecer, luego de mirar hacia los cuatro puntos cardinales, nos invitaron a honrar a nuestros propios ancestros.

Si con el budismo aprendí sobre la mente, tengo que decir que con el hinduismo aprendí sobre el manejo de las emociones. Mi gurú había escrito el manual de cómo eliminar el miedo y la ira. Un consejo práctico era: *nunca te enojes al mismo tiempo que tu pareja*, el cual no seguí. A diferencia de otros maestros, sus lecciones eran consejos simples y prácticos de la vida común, además de ser un ejemplo de servicio y devoción.

Con el tiempo pude ver que yo oraba a mi concepto de Dios mientras él oraba al suyo, esto también me sucedió con el budismo, pero eso no fue impedimento para que yo orara a Jesús mientras él adoraba a Krishna.

Una bella lección que no olvidaré era que aconsejaba no hacer nada sin contar con Dios. Me contó una historia sobre la persona más exitosa que conocía, explicándome que el negociante en su negocio tenía una oficina para Dios. Allí había un escritorio con una silla vacía para Dios y otra al frente para él. Antes de tomar una decisión entraba a la oficina, se sentaba al lado opuesto del escritorio y se imaginaba que hablaba con Dios.

El hinduismo está fuera de mi capacidad para explicarlo y posiblemente solo obtuve un pequeño destello de esta filosofía ancestral, pero con él aprendí la devoción y la aceptación y más tarde obtuve la lección más importante, esa que me tomó años entender porque era demasiado simple para mi intelecto curioso y arrogante.

—¿Existe algún secreto para ser feliz? —le preguntaba casi una década más tarde.

—No hay secreto —me decía—. Dios es el secreto, Sharon.

Un mantra que adopté de él fue: «No estoy sola, Dios está conmigo». A diferencia del budismo que no cree en un dios personal, el hinduismo cree en Dios, que curiosamente también es una trinidad, aunque no igual a la cristiana. Para el hindú, Dios es personal e impersonal a la vez, y su filosofía te explicará que su aparente politeísmo refleja en realidad a un solo Dios, pero representado de diferentes maneras. A pesar de las diferencias, y sin el gurú saberlo, fueron sus palabras las que más tarde me llevaron a un nuevo entendimiento, de esos que suceden cuando pasamos de un grado a otro, como el día en que aprendes a leer mientras antes solo podías ver las letras. El gurú me mostró que la aceptación no es sumisión ciega, sino que es la cooperación voluntaria y activa en el plan de Dios. La vida se me hubiera hecho más fácil si hubiera comprendido lo que era entregar la voluntad a Dios en ese momento, pero no fue hasta reencontrarme con el cristianismo cuando comprendí su verdadero significado.

Lo que me atraía del hinduismo en esa época era que me mostraba a un Dios que estaba más allá de descripciones, literatura y doctrinas. Se buscaba a Dios en la experiencia personal y en el silencio. En vez de preguntar: ¿Qué es Dios?, se preguntaba: ¿Qué no es Dios? La respuesta del Advaita Vedanta sobre la explicación de la naturaleza de Dios es *Neti neti*, que en sánscrito significa: «No es esto, tampoco es aquello». Como para ellos todo es Dios, el resultado positivo de su panteísmo es que todo igualmente resulta digno de amor, vida, luz, admiración y respeto. Esto era contrario a lo que había aprendido anteriormente sobre un Dios lejano, desconectado e inalcanzable. Más tarde aprendí que aunque en el cristianismo no hay panteísmo, Dios todo lo sostiene, «porque en Dios vivimos y nos movemos». Lo que ahora sé es que no existe nada fuera de Dios, porque si Dios es omnipresente, está en todas partes, lo que al final es una paradoja. Este laberinto de cosmología fue mejor explicado más tarde por un teólogo del cristianismo del oriente. Las hermosas descripciones de Dios en el hinduismo pueden diluirse en la confusión, y hubiera sido preferible entender mi propio cristianismo antes de lanzarme a sus lecciones. Estoy segura de que malinterpreto el hinduismo de la misma manera que ellos tergiversan el cristianismo. Es lo que hacemos en el occidente, tomamos el hinduismo y lo cristianizamos. Solo puedo asegurar que lo que tenemos en común es mucho más de lo que nos separa. Igualmente encontré que muchas de las descripciones hermosas sobre Dios que antes encontraba en el hinduismo, dormían escondidas detrás de las puertas cerradas del dogma de mi propia religión, solo que no podía verlas. Lo decía Jesús, «nadie es profeta en su tierra».

La vida es muy extraña. Luego de morir mi abuela, pasaron muchos años antes de que tuviera el valor de entrar a su casa nuevamente. Un día regresé, y cuando entré a su cuarto, que se había quedado congelado en el tiempo, me sorprendí al encontrar correspondencia de la organización de Paramahansa Yogananda en medio de sus cartas privadas. ¡Mi abuela también tenía su gurú, y sin saberlo era el mismo que yo visitaba en Los Ángeles! Lo que se hereda no se hurta.

No todos los gurús son iguales y, como en todas las religiones, ocurren escándalos; hemos oído las historias de personas timadas por cientos de miles de dólares a cambio de la iluminación. Hace poco estuve en Nueva Delhi y en el aeropuerto conocí a un grupo de americanos que me contaron muy felices que habían pagado decenas de miles de dólares por dos semanas de lecciones de iluminación con un gurú; la conversión de dólares americanos en rupias es una locura. Trataron de convencerme tan efusivamente como yo lo estuve en mis años de seminarios de potencial humano. *Horas de trabajo forzoso, repeticiones de mantras, pocas horas de sueño y falta de comida son las condiciones perfectas para convertirse en víctima de un buen lavado cerebral*, pensé.

Me hablaron de experiencias suprasensoriales, como prueba de cómo subía su nivel de conciencia, a las que yo catalogué como un probable delirio causado por falta de azúcar en la sangre o un exceso de oxígeno en el cerebro, todo por las respiraciones forzadas. Mientras más sube el nivel de conciencia, más baja la cuenta bancaria, fue mi conclusión.

Las historias de los escándalos sexuales de algunos gurús hacen palidecer las de nuestros religiosos del occidente. Muchos utilizan la misma historia de expiación e iniciación sexual sagrada para atrapar a sus víctimas, y lamentablemente los niños y las mujeres son los más vulnerables. La definición de un gurú en el occidente equivale a cualquier persona que logre que lo sigan. He escuchado de personas que no son de la India, pero se autodenominan gurús e igual repiten la misma fórmula localmente; por supuesto, algunas de nuestras propias creencias religiosas no están exentas de estas prácticas de cultos y manipulación. No todas las historias de la India son falsas, pero tampoco sus prácticas pueden considerarse «diabólicas»; existen verdaderos seres espirituales que han llegado a tener experiencias que no pueden ser negadas y que cuando las comparas no son muy diferentes de las que han tenido algunos de nuestros propios místicos y santos.

Puedo asegurar que el gurú que conocí tiene más santidad que muchos religiosos que he conocido, por esa razón no tengo duda de que llegará al cielo.

La familia tradicional hindú, por lo general es conservadora. Muy lejos de vivir en comuna como las visiones de ashrams llenas de incienso que se han propagado, los hindúes están aferrados a sus tradiciones, y su valor principal es la familia y el trabajo. Sus integrantes en Estados Unidos figuran como una de las religiones más educadas y económicamente acomodadas.

Lo más extremo que adapté de la India fue el vegetarianismo. Influenciada por las lecciones del gurú sobre la compasión hacia los animales y la práctica del desapego y el manejo de los deseos, un buen día le dije a mi esposo: «Tengo que hablar contigo».

Él me miró con sospecha, como pensando: *Y ahora qué se trae entre manos mi querida esposa.*

«Pues, he decidido que voy a ser vegetariana; desde hoy, nada de animales», le dije.

Mi esposo, que era un amante de la carne y de los buenos restaurantes, no tuvo una buena reacción a mi nuevo estilo de alimentación, a pesar de ello por casi una década me convertí en vegetariana.

Ser vegetariano en este tiempo es chic y moderno, en cada restaurante tienen un menú vegetariano, y muchas celebridades escriben libros de sus dietas veganas, pero en ese tiempo el vegetarianismo era totalmente incomprendido en todos los lugares menos en Los Ángeles, Sedona, Boulder, Portland o Austin. El significado de ser vegetariano era una línea borrosa y otras veces literal, como cuando mis amigos españoles me insistían: «Anda maja, esto no es carne sino jamón, puedes comerlo».

En los buenos restaurantes me limitaba solo al menú de los «acompañantes». Sobreviví con patatas, pasta y sustitutos de carne de soya, y mi pobre hija también. No solo eso, ser vegetariana me daba un estatus de superioridad que utilizaba para subir mi ego; volvía locos a los pobres meseros:

—¿Está seguro de que esta salsa no tiene leche, gluten, caldo de animal, queso, huevos, etcétera, etcétera?

Nuestras amistades, ya sin paciencia, solo retorcían sus ojos.

Un día el gurú, al ver que estaba «inflada», me bajó del pedestal del vegetarianismo cuando me dijo:

—Ser vegetariano no te hace santo. Adolfo Hitler era vegetariano.

En ese momento, a pesar de ser vegetariana, mi alimentación no era la mejor, y un buen día, cuando la palidez y la falta de energía me vencieron, sorprendí a todos en el restaurante al ordenar un buen pedazo de carne, el cual digerí perfectamente. Aparentemente, una década de privar de proteína animal a mi sistema carnívoro con DNA alemán y español no afectó la memoria de mis enzimas para digerirla. Igualmente, un pedazo de carne roja fue el rito de iniciación de mi hija a la adolescencia; lo hizo con la complicidad de su papá.

Entre los autores conocidos del Nuevo Pensamiento de los años noventa se encontraba Marianne Williamson, quien hoy también es conocida por sus presentaciones en el programa de Oprah. En esa época la invité a Puerto Rico para la presentación de su libro *Volver al amor,* un clásico *best seller*. Ese día impartió un lindo mensaje a un grupo compuesto mayormente por mujeres, ella sin duda tiene la habilidad de inspirar y empoderar a la mujer. Luego de la charla, almorzó con nosotras. Una década más tarde, me tropecé con Marianne en un elevador en Costa Rica, donde se presentaba en una convención de la paz junto a otros líderes. Yo estaba atravesando un momento difícil y le pedí que hiciera una oración, ella muy amable y sin pensarlo dos veces se puso a orar por mí. Es una mujer muy sensible. Luego, también accedió a escribirme un endoso al primer libro que publiqué, siempre le agradeceré.

Varios autores reconocidos del Nuevo Pensamiento, incluyendo a Marianne, han utilizado lecciones de *Un curso de milagros* como inspiración, un libro que su autora Helen Schucman dice haber recibido por medio de un dictado de una «voz», que ella aseguraba que era de Jesús.[12] Hoy en día soy escéptica ante las nuevas revelaciones recibidas por espíritus o voces en trance, pero respeto a las personas que se han beneficiado de algunas de sus interpretaciones.[13] Del Nuevo Pensamiento, que es una amalgama de creencias, aprendí que si pudiéramos separar con discernimiento las piedras de oro de la arena, encontraríamos que su atractivo más importante es el optimismo, al brindar la posibilidad de cambio, al quitar nuestra atención y pensamiento de la angustia, colocándolo en el bien. Yo estoy de acuerdo con muchas de sus enseñanzas, pero también aprendí que no logramos trascender el sufrimiento negando la realidad con solo positivismo. Igualmente necesitamos asegurarnos de que ese Dios al que hablamos no sea únicamente una ley, sino un Dios personal, al comprender que no somos nosotros, sino él, quien responde con su poder a través de nosotros. Mientras más logremos hacer que nuestro pensamiento descanse en Dios, más pronto se armonizará la dificultad. El problema está cuando se despersonaliza su divinidad; cuando se piensa que la mente, el universo y Dios son conceptos intercambiables. Existe una unidad, pero Dios es Dios. La mayor atracción del Nuevo Pensamiento ha sido, entre otras cosas, occidentalizar las lecciones del oriente y con ellas traer un poco de esperanza, cambiando la creencia de que el sufrimiento es la única manera de alcanzar la espiritualidad. No puedo negar que el Nuevo Pensamiento ha brindado su dosis de bien, pero al no tener límites claros, puede traer confusión. Luego de caminar tantos caminos y emplear tantos métodos, como la meditación, el hipnotismo, la afirmación y los decretos, junto a las lecciones de *El Secreto* y las canalizaciones de ángeles o maestros ascendidos, encuentro que el peligro está cuando la lección se lleva del positivismo hacia el ocultismo y la superstición, cuando se alteran los estados de conciencia o se invocan la canalización, la guía y los mensajes de espíritus, afectando algo tan delicado como la mente. Cuando escucho a un escritor o líder decir que es la reencarnación de un apóstol, o cuando un libro invita a invocar a un guía, aparece una bandera roja. Es preferible ser un poco escéptico que demasiado confiado. La espiritualidad sin Dios es un camino directo a la oscuridad y puede llevar a extremos.

El milagro de la vida

Mi iniciación más importante no fue en un culto, sino en la maternidad. Tenía una lucha interna con la idea de ser madre. A mis treinta y seis años pensaba que había escapado ilesa del yugo de la maternidad. Alardeaba de mi percibida independencia producto del feminismo extremo; me consideraba una persona libre, que no necesitaba ser madre para ser una mujer completa. Pensaba que mi vida ya estaba llena;

me bastaba con el matrimonio, con la producción de seminarios de autores y con mi fábrica de ropa. Esto cambió cuando repentinamente quedé embarazada a los cuatro años de casada. Me convencía de que era un total accidente. Realmente la maternidad no era una meta que tuviera en mi vida, aunque no la descartaba, solo la postergaba indefinidamente, como buscando que se me acabara el tiempo para un día decir: «Vaya, se me hizo demasiado tarde». Era de esas personas a las que no le agradaban los bebés, mejor dicho les temía. Mis amigas llegaban con sus bebés y yo los miraba de reojo con una media sonrisa, pero no se me ocurría pedírselos para cargarlos.

Quería a los hijos de mi esposo, pero realmente no tenía referencia de cómo ser mamá, quizás tenía miedo de terminar siendo la copia de mi propia madre, y con ese pensamiento era suficiente para detener cualquier idea de ser mamá; quería evitarle ese sufrimiento a mi propio hijo. Aquel día que miré el signo de la cruz en la prueba de embarazo estaba segura de que era una profecía:

Oh no, es el símbolo de una verdadera cruz, pensé.

Lloré todo el día.

Quizás las hormonas tuvieron que ver, pero de allí en adelante me propuse ser una madre ejemplar, de tal manera que terminé volcándome en un nuevo rol donde la prolactina y la oxitocina segregadas por la lactancia fulminaron por siempre mi arraigado feminismo. Hoy en día, curiosamente, mi única lamentación es no haber tenido muchos hijos, ya que admiro a las familias grandes.

Reflexionando sobre mi rol como mamá, tengo que aceptar que no fui una madre convencional. Hace doce años, o estaba adelantada a mi tiempo o deseaba regresar al pasado, porque solo quería dar a luz de la forma más natural posible, lo que no era una posibilidad en mi isla.

Existe un fenómeno natural que ocurre unas semanas antes del parto que se llama instinto de anidación o *nesting*; es ese momento en que la madre busca un lugar ideal para tener a su hijo. En los humanos la búsqueda de un nido puede presentarse como una necesidad de preparar, limpiar, recoger, botar o guardar cosas. En mi caso necesitaba encontrar un lugar donde me sintiera segura y sobre todo libre. El único lugar donde tenía la posibilidad de dar a luz en el agua, sin exponer mi seguridad, era en un centro frente al mar en Key West, Florida. La clínica se encontraba a cinco minutos del hospital, y estaba atendida tanto por médicos como por parteras. Cuando vi el cuarto normal como el de cualquier hotel, sin los estribos en las camillas, sabía que había llegado al lugar perfecto. Ochenta días antes de la fecha pronosticada para el parto, me mudé en contra de todos en mi casa. «¡Es una locura!», me decían, pero yo estaba feliz de dar a luz a mi manera, sin separaciones del bebé ni intervenciones invasivas.

Alquilamos una casa con lindos balcones. Dejé los negocios y por dos meses me dediqué a prepararme para la maratón de un parto sin medicamentos. Tenía una gran disciplina, me dedicaba a nadar a diario, a comer saludable y a tomar clases de lactancia. Cada tarde me iba a caminar y aprovechaba para enviar a mi bebé cada rayo de sol del espectacular atardecer de Cayo Hueso, que se halla a ochenta millas de Cuba, en la parte más al sur de Estados Unidos. Transcurría el mes de octubre y se sentía una brisa cálida. Tengo hermosos recuerdos de esos días de espera cuando mi esposo me visitaba, el amor estaba en el aire. Los domingos asistía a una iglesia Unity, pero mi religión eran los libros de William Sears y su filosofía de la «crianza con apego». Gracias a lo que aprendí, buscaba tener un parto compasivo, con una doula y mi familia.

En ese momento, ni imaginé que en unos años conocería a quien descubriera y propagara el concepto de la doula,[14] el doctor Marshall Klaus, que me mostró un gran ejemplo tanto en su matrimonio como en la pasión del propósito. Su estudio junto al doctor John Kennell había sugerido que los seres humanos teníamos un momento de apego importante justo a la hora después del parto. Este hombre revolucionó las prácticas en los hospitales con uno de los Diez Pasos del Hospital Amigo del Niño de UNICEF. Ese paso recomienda en lo posible no separarse del bebé y tener un momento especial de piel a piel justo después del parto. El doctor Klaus vivía en California con su esposa Phyllis, un matrimonio incansable que tenía una misión en común. Por décadas, las madres eran separadas de sus bebés y estos eran alimentados con leche artificial debido a que las farmacéuticas promovían la fórmula hecha con leche de vaca como un alimento superior, pero gracias a ellos y a UNICEF, esto cambió. Luego fui miembro de su junta y promoví la causa por años. Uniéndome a su misión, me convertí en una promotora de la lactancia y de todo lo natural, lo que me llevó a trabajar por dos décadas a favor de esta causa. Parece mentira que la maternidad no se maneje de manera natural, sino que lamentablemente sigue bastante medicada. Nunca sabemos dónde nace un propósito, pero siempre llega gracias a nuestras experiencias, las cuales pueden ser muy positivas o muy negativas, pero de todas se puede aprender y a partir de todas podemos enseñar.

Una mañana soleada me levanté con bastante dolor, era una semana antes del día asignado. Mi esposo no se encontraba y mi bebé estaba al revés. No podía creer que después de tanta preparación al fin terminara en un hospital convencional. No me atrevo a recomendar a todos mi experiencia de parto y no hay garantías, pero en mi caso, el consejo de la partera para voltear a mi bebé funcionó.

—Sharon, relájate, tómate una copa de vino, respira profundo y háblale a tu bebé.

Posiblemente esta conversación figure como la primera de tantas discusiones que mi hija y yo tendríamos en el futuro, solo que todavía no había nacido.

—Bebé, necesitas esperar a tu papá, no puedes nacer hasta que llegue, ah y sé que estás muy cómoda sentada, pero necesito que por favor cambies de posición.

Fue mi primera práctica como mamá; funcionó. Justo el día que había calculado el médico, comenzaron las contracciones, estuve bastantes horas en la bañera especial tomando un ponche de frutas, que aunque sin alcohol, era la versión *happy hour* del suero médico. No fue un paseo, no hay tal cosa como un parto sin dolor; los dolores eran intensos y tengo que admitir que si no hubiese sido por mi esposo, probablemente me hubiera rendido a los medicamentos de «relajación». Cuando estaba a punto de rendirme, me confrontó con toda seriedad:

—Después de todo este trabajo, sería el colmo que no tengas un parto natural... —me reclamó.

—¿Y quién está pariendo, tú o yo? —le respondí con la adrenalina maternal.

Realmente estuve a punto de sucumbir a los narcóticos. Le agradezco su intercesión.

En el cuarto había todo un equipo de resucitación, doctores, parteras, monitores y ambulancias, pero no a mi vista. Cuando me amenazaron con romperme la fuente con una larga aguja para acelerar el parto, se terminó la paz y saqué a todos de la habitación a gritos y malas palabras. Retomé mi poder, me puse de cuclillas y en unos minutos corrí a dar a luz dentro de la bañera, donde mi esposo recibió a la bebé. Esto no lo hubiera podido hacer en un hospital normal con sus camillas con estribos, pero de todos modos con mis gritos y mal humor seguramente me hubieran trasladado al piso de psiquiatría.

Gracias a Dios todo salió bien, porque me negaba a dar a luz en un hospital. «No estoy enferma», me decía. El parto, al igual que la muerte, es un momento mágico en el que las puertas del cielo se abren. Pienso que en ese momento la mujer tiene un vestigio del cielo, es por eso que cuando todo termina, el dolor se olvida, pues representa una especie de muerte a quienes éramos antes de ser mamás. Dar a luz es una definición muy acertada. Desde ese momento ya no seremos las mismas, hemos participado junto a Dios en el milagro de la creación. Esa misma noche, luego de que mis palpitaciones volvieran a lo normal, regresé a casa con mi hija.

Gracias a esa experiencia, mi mundo cambió y por muchos años me volqué hacia los bebés y sus madres. Quería compartir la maravillosa experiencia de procrear un hijo. Tuve suerte de tener todo el apoyo necesario para tener a mi bebé, pero por lo general la sociedad penaliza la maternidad tanto económica como profesionalmente. Tener hijos no está de moda, acabo de leer un comentario feminista donde dicen que «tener muchos hijos empeora el problema del cambio climático».

Necesitamos cambiar la creencia de que una mujer encinta es un problema que necesitamos resolver y comenzar a ver la maternidad como una celebración que necesitamos proteger. La sociedad moderna ha elevado el poder de la mujer para terminar su embarazo a discreción, pero ha minimizado su poder para crear una vida, lo que tal vez explique por qué una mujer que queda embarazada puede sentirse incapaz de criar a su bebé. Una madre que se queda en el hogar con sus hijos tiene un mayor riesgo de caer en la pobreza, sin contar con el golpe económico y emocional de los casos de padres ausentes.

Más allá de penalizar a la mujer o de elevar el aborto a un derecho feminista, se necesitan alternativas de protección y educación. El aborto en la mayoría de los casos no es una salida, sino otra violación a su capacidad de procreación, por otro lado, se necesita ser realista; aunque algunos contraceptivos pueden causar efectos secundarios, otros pueden salvar su vida y protegerla de enfermedades de transmisión sexual como el VIH/SIDA, que se ha controlado precisamente gracias a la educación y al uso de profilácticos.

La mujer se siente presionada tanto por las agendas de corporaciones que se benefician de ella económicamente, como por algunos movimientos feministas, políticos y religiosos. La realidad es que la cultura en general, incluyendo la mayoría de las compañías y gobiernos, no tienen como prioridad apoyar a una mujer embarazada ni a su familia, mucho menos a su hijo después de nacido.

Entiendo bien cómo la cultura y los intereses económicos pueden intervenir en el proceso natural de una mujer. Mi primer escrito no fue un libro de espiritualidad, sino una revista para mamás sobre la lactancia,[15] que edité junto a varios profesionales en el año 2005. A cambio de la supuesta libertad de la mujer, las compañías de fórmulas habían suplantado su derecho de amamantar a su bebé por medio de un alimento artificial. Esa revista hoy ha llegado a más de treinta mil personas y es diseminada gratuitamente por el mismo gobierno y otras entidades sin fines de lucro.

Yo era incansable llevando información sobre educación, alimentación y espiritualidad por medio de talleres, escritos e invitados especiales que llegaban con una nueva manera de ver las cosas. Mientras mi hija iba creciendo, cada reto se convertía en una lección que necesitaba compartir; esta ha sido la historia de mi vida. Fui criticada en mi casa, porque aunque no trabajaba formalmente, no paraba esa obsesión innata de ayudar, despertar, desear cambiar el mundo.

La vida es como un libro abierto que está compuesto por muchos capítulos, la diferencia es que en la vida, nosotros, los actores principales, tenemos la oportunidad de interpretar muchos personajes, con diferentes ropas, gustos y hasta con varios roles.

Borrar el feminismo de mi vida no fue fácil; dejar atrás mi trabajo junto a la imagen cultural arraigada de mujer independiente a cambio de convertirme en ama casa no fue una decisión sencilla, recuerdo que hasta precisé ayuda profesional en la transición de elegir entre mi rol de ser mamá a tiempo completo o el de mi vida como profesional. En ese tiempo estaba de moda utilizar un *coach* para ayudarnos en la meta de subir la escalera corporativa, yo en cambio necesitaba ayuda, pero para hacer todo lo contrario: salirme de la «carrera». Con el *coach* aprendí que una de las herramientas más eficaces para tomar una decisión cuando no se puede elegir es hacer una fría lista de los pros y los contras. No tenía excusa, económicamente podía quedarme en casa, pero hasta ese momento no sabía cuán identificada me sentía con mi rol de mujer de negocios. Cuando estaba embarazada pensaba que sabía perfectamente lo que haría: «Seguiré trabajando y viajando, contrataré a una nana». Pero cuando llegó la realidad, no me sentí capaz de separarme de mi hija, era un sentimiento visceral.

Claro, se puede trabajar y lactar, pero tenía que viajar. Un día me llevé a mi bebé de viaje con una nana que era como alguien de mi familia. Estaba en medio de las compras de telas para la fábrica cuando la nana entró con la bebé llorando. Comencé a lactarla bajo el horror de los dueños de la compañía textil. En ese tiempo no había cuartos de lactancia, probablemente pensaban que era ilegal lactar en público. En fin, pronto me di cuenta de que tenía que tomar una decisión. Mi bebé ganó.

Tenía un gran conflicto de identidad. Antes de ser ama de casa, recuerdo que en las reuniones sociales gravitaba hacia el área donde estaban los hombres para hablar de negocios y de política, pues en cierta manera me sentía una de ellos. Mientras que antes evitaba las conversaciones de las mujeres sobre sus niños, sus nanas y sus piscinas, ahora me había convertido en una de ellas. Recuerdo la primera vez que me acerqué al grupo de hombres en una actividad después de cerrar mi compañía. Antes, tenía temas en común con ellos, ahora no estaba tan segura.

—¿En qué trabajas?

No quería responder.

Luego decía muy bajo...

—Ama de casa...

Sentía que los hombres me miraban como diciendo: «¿Y tú qué haces aquí? Las mujeres están en la cocina».

También me sentía fuera de lugar en la cocina. Yo no tenía las respuestas esperadas a las preguntas del estatus social de las mujeres de mi entorno.

—¿En qué hospital has dado a luz?

—No fue en un hospital, fue en un *Birth Center*.

Silencio con signo de interrogación.

—Di a luz en el agua, en Cayo Hueso.

Silencio.

Ellas trataban de nuevo:

—¿A qué escuela va tu hija?

—Hago «educación en el hogar»...

Silencio.

—¿A qué iglesia vas?

—No tengo religión, pero tengo un gurú.

Silencio.

—¿Quieres pollo o carne?

—Soy vegetariana, gracias.

—¿Qué tomas?

—No bebo alcohol, pero si tienes jugo verde...

Silencio.

Suspiro.

Siempre me decía, si vivieran en Los Ángeles, me entenderían...

Mi grupo ideal era ecléctico, como en mi pueblo; mis amigas eran de todos los estratos sociales y de todas las religiones posibles, la mayoría teníamos en común algún proyecto social que incluía a los niños, la tolerancia, la ecología, la salud y la educación. En vez de la moda, ahora mi conversación favorita giraba hacia las soluciones necesarias para mi mundo utópico.

Cuando mi hija era pequeña, vivíamos frente al mar, allí la arena era el lugar perfecto para jugar. En esos días comencé a escribir cuentos para niños, historias que ideaba y le contaba con mis manos en la arena. Todavía los tengo por alguna gaveta, algún día quizás los publique. Una tarde cálida, mi hija y yo nos encontramos con dos lindas niñas árabes que tenían unos ojos grandes y hermosos como luceros, las cuales estaban jugando con su mamá. Hicimos una amistad inmediata, de esas que se encienden como una chispa. Por suerte éramos vecinas y por muchos años mantuvimos una linda amistad con ellas y su familia musulmana. Jazmín era de las personas más amables que había conocido, su hospitalidad y generosidad no tenían límite. Con ella aprendí a bailar música árabe, a hacer humus, y a entender por qué usar un hiyab (el manto que cubre su cabeza) en vez de una obligación es un gran honor.

A mi hija le importaba poco que fueran de otra religión. Al final, aunque algunos traten de negarlo, no somos tan diferentes, creemos en el mismo Dios de Abraham; cuando lees los versos del Corán te das cuenta de que hablamos de sus mismas cualidades eternas y omniscientes. Islam significa sumisión a la voluntad de un solo Dios, que es su mayor lema junto al desprendimiento: «Todo muere excepto la cara de Dios».[16]

El terrible día del once de septiembre, cuando ocurrieron los ataques a las torres gemelas, conocido como el 9/11, por suerte no estábamos en nuestro apartamento de Nueva York sino en Puerto Rico. Al escuchar la noticia, las primeras personas que vinieron a mi mente fueron mis amigos musulmanes. A partir de ese día nadie volvería a mirarlos de la misma manera. Recuerdo la tristeza y la desesperación en el aire, nos lamentamos juntas, era un momento terrible, ya que nuestro mundo jamás sería igual y ya nadie se sentiría seguro. Es común para los del occidente ver los ataques en el Medio Oriente como algo casi normal, pero muy diferente era que ocurrieran en nuestro propio suelo infalible. Lamentablemente, hoy existe mucha desinformación que conduce al prejuicio, los musulmanes no son ISIS, tal como el Ku Klux Klan no es cristiano.

Mi encuentro con la otra cara del Om fue con el budismo, y sucedió gracias a un monasterio del Tíbet. Conocí a su director en California, Pema era un monje relativamente joven que tenía doctorados en psicología, uno del occidente y otro del Tíbet. Él sentía pasión por proteger los monasterios del Himalaya, recibía y educaba a los tibetanos que llegaban a la India. Vestía con una túnica rojo vino y azafrán, con sus hombros descubiertos. Tenía una eterna sonrisa, la cual a su vez estaba iluminada por una extraña paz y una disposición por siempre positiva. Sus monjes tenían la misma sonrisa y la misma disposición para ayudar. Mi amistad con Pema duró muchos años, de él aprendí la meditación de compasión, la tolerancia, la no-violencia y el darma (las acciones hacia el bien), y el camino de liberación. Además de las cuatro verdades nobles del Buda aprendí que todo es transitorio; todo tiene un principio, un tiempo de transición y un final; lo que es hoy, ya no será mañana. Otra verdad decía que el sufrimiento era producido por nuestros apegos, tanto por lo que se desea, como por lo que se pierde o se resiste.

En ese tiempo, mi interés no era convertirme en budista, solo quería aprender y colaborar con la causa de la tolerancia, mostrando por medio de eventos especiales en museos y teatros la cultura del Tíbet a través de sus bailes folklóricos, su arte y su filosofía. En uno de los eventos que organicé, el rito era hacer un mandala, que era un gran cuadro de una deidad hecho con arena en colores, la que los monjes soplaban cuidadosamente hasta lograr una verdadera obra de arte. Al terminar los siete días que tomaba hacer el cuadro, se hacía una ceremonia para destruir el trabajo meticuloso de las incontables horas. Yo tenía unos cuantos meses de embarazo. Recuerdo las caras de los asistentes al ver cómo luego de tanto trabajo, en un segundo barrían todo el cuadro para echar la arena de colores en una jarra. Luego, en una ceremonia aparte, se echaba al mar la arena mientras soplaban un caracol, como un gran rito de desprendimiento que mostraba la impermanencia de la vida. Los monjes hacían sus mantras y sus meditaciones varias veces al día, tenían una gran disciplina. El momento de la comida era adornado por sus voces y cánticos, otro arte que parecía salir desde su mismo corazón, los cuales acompañaban con sus trompetas y campanas. Distintos a la mayoría de los hinduistas, estos budistas tibetanos, aunque eran incapaces de matar a un insecto, comían carne sin más problemas.

Gracias a Pema tuve varios encuentros con el Dalai Lama, aunque no en privado, pero estuve presente en varias de sus charlas, en las que participaban algunas celebridades. Determinadas conferencias no eran abiertas al público general, en ellas hasta participé en algunas iniciaciones privadas, que incluían desde tomar algún brebaje en grupo hasta atarme con una cinta roja en el brazo. Viajaba con mi hija y a veces con mi esposo a estas actividades; ella todavía era bebé. En ese tiempo no bauticé a mi hija, estaba satisfecha con una imposición de manos que el mismo Dalai Lama hizo informalmente a su cabecita, la que yo interpreté como una bendición cuando casualmente quedamos cerca de él. Todavía tengo la foto que fue tomada por mi esposo.

El Dalai es símbolo de compasión, tolerancia y no-violencia en el mundo.

Contrario a lo que se piensa, para los budistas, el buda que conocemos no es Dios, sino un hombre común que alcanzó lo que ellos llaman «iluminación o Nirvana». El budista no cree en un Dios creador, aunque sí se refugia en varias deidades. Siddharta Gautama había sido un príncipe heredero de un reino. Buda no es su nombre, sino un título que describe un estado de conciencia.

Existe más de un buda, sobre el Buda Gautama dice la historia que su vida cambió cuando su padre se enteró de una profecía que hiciera un astrólogo, vaticinando que su hijo lo dejaría todo y no sería rey. En ese momento su padre decidió protegerlo de toda calamidad exterior encerrándolo en su reino, rodeándolo de una vida idílica de lujos, pero falsa. Allí le escondió la vejez, el dolor, la pobreza, la enfermedad y la muerte. Cuenta una versión de la tradición que un día Siddharta Gautama, que era su verdadero nombre, al descubrir el sufrimiento que tanto le habían escondido sus padres, quedó tan impresionado con lo que encontró en las calles afuera de su reino que lo dejó todo como lo había pronosticado el anciano en su nacimiento. Una interpretación afirma que al no tener la oportunidad de experimentar pérdidas, se embarcó en una odisea para encontrar la cura del sufrimiento al exponerse a ellas. Buda, para vencer el sufrimiento, trató los extremos en la búsqueda de la espiritualidad, incluyendo la práctica del ascetismo, el cual finalmente dejó para llegar al Camino Medio. Al final hizo una reforma del hinduismo.

La historia del buda también representa una analogía de lo que ocurre en nuestras vidas. Vivimos una vida temporal actuando como si fuera eterna, según digo en mi libro *Las 12 promesas del alma*.[17] Entiendo que la acción del padre de Siddharta no fue tan descabellada con su hijo al protegerlo del dolor; si se compara con los padres de este tiempo, podemos ver que en cierta manera hacemos lo mismo, protegemos demasiado a nuestros hijos del dolor, les damos comodidades y retardamos lo máximo posible su exposición al sufrimiento. Evadimos visitar a los ancianos y a los enfermos, y evitamos que vean a los muertos en las cajas fúnebres, porque son cosas feas y desagradables. Los hijos se crían pensando que la vida es eterna, que no hay cambios y que podemos conseguir todos nuestros deseos con el clic de un ordenador.

Según el budista, que tiene la creencia de que nada es real, la clave de la liberación es la iluminación, la cual consiste en la habilidad de reconocer todo como una ilusión. Nirvana es el despertar de la rueda de nacimiento y muerte, o sea, de la reencarnación de las almas en nuevos cuerpos, que es volver al vacío. El budismo muestra que la intención de nuestras acciones determina sus consecuencias, que el sufrimiento está en la mente y que el silencio es la clave para encontrar la liberación.

Es cierto cuando dicen que constantemente luchamos por buscar placer, retenerlo y aumentarlo, lo cual nos convierte en esclavos de las sensaciones, pero igualmente vivimos resistiendo lo que no queremos, de esta manera jamás encontramos satisfacción en nuestros deseos. Escuché una definición de buda que lo describía como «aquel que ya ha saciado todos sus deseos».

Una conversación con Pema que no olvido sucedió en un jardín, en Filadelfia. Hicimos un arreglo para encontrarnos, con el fin de conversar sobre la naturaleza de la realidad. Era el lugar perfecto para hacerlo, el día era hermoso, los rayos del sol brillaban y parecían bailar por encima de las flores. Hablamos sobre la impermanencia, el tema recurrente del budismo; aquellas flores no estarían allí en unos meses. Recuerdo ese día cuando comprendí un poco de la unidad de que tanto hablaba. Esa experiencia de expansión y trascendencia sucede cuando se siente ser uno con la creación. Es similar a la sensación de no tener cuerpo; eres todo y al mismo tiempo no eres nada; el mundo y las personas son tu continuación y hasta el sol es parte de tu ser. La experiencia duró medio segundo, no estábamos meditando, solo era una conversación donde me proponía observar el mundo desde otra perspectiva. Quizás ese sea el gran secreto de su iluminación: ver todo desde otra perspectiva; ver las cosas como son, sin ser interrumpidos por nuestros propios límites.

Escuchar los sueños de Pema fue ser testigo de la meditación como ciencia; era profesor de una prestigiosa universidad y en 1996, cuando lo conocí, ya estaba gestionando con otros profesores y médicos la forma de validar los beneficios de la meditación de una manera empírica. Era parte del nacimiento del «mindfulness» de hoy. Con el tiempo, Pema dejó de ser monje, se casó y continuó en su misión con más fuerza.

Jamás fui capaz de adoptar totalmente las disciplinas budistas, luego entendí el porqué; al ellos no creer en un Dios creador, había una gran laguna espiritual. A pesar de esto, aprendía y relacionaba algunas lecciones de su filosofía de desprendimiento y compasión con lo que ya sabía de mi muy pobre catolicismo.

La versión cristiana en la ecuación del desapego budista dice: «Y el mundo pasa, y sus deseos; pero el que hace la voluntad de Dios permanece para siempre».[18]

HISTORIAS EN LA ARENA

Si bien existe la impermanencia, hay situaciones que parecen ser perpetuas. Una pregunta que no cesaba de repetirme era por qué no podía tener una familia normal. ¿Me habrían cambiado al nacer? No puedo recordar una sola vez en mi vida que no estuviera tratando de arreglar a mi mamá. Estaba segura de que alguien me había cambiado en la cuna del hospital, mi familia no era normal.

Lo contrario a la aceptación es la resistencia. La explicación más común sobre el comportamiento errático de mi madre era que tenía un mal carácter. Mi abuela, cuando vivía, culpaba a su color de pelo: «Las pelirrojas son bravas», decía. No tenía el control necesario para guardarse las palabras, especialmente si eran «malas palabras». Su comportamiento pasó de malo a crónico, pero llevarla a un psiquiatra no era siquiera una posibilidad. Estaba en negación y tornaba cualquier conversación en mi contra al imputarme el problema, supuestamente era yo la portadora de una locura ancestral que ella atribuía a una tía loca hermana de mi papá. «Estás loca», me decía, «lo llevas en la familia». Yo la miraba y al verla desquiciada pensaba que definitivamente había algo de cierto en sus palabras. El retiro de su trabajo no ayudó. Cada vez buscaba más excusas para que yo no entrara en su casa, la misma de ensueño en la que mi abuela algún día imaginaba vivir y que hoy era un castillo de glorias desvanecidas. Mi mamá adquirió una fijación por los animales, pero ella ya no veía la suciedad y tampoco sentía el mal olor; su salud y seguridad estaban en riesgo. Así pasa con el ser humano y las condiciones inaceptables de la vida, llega un momento en que nuestros sentidos se apagan y ya no las detectan. Bajo sus gritos y amenazas, trataba infructuosamente de limpiar y comprar nuevos muebles, para que en la siguiente visita hallara, una vez más, todo con el hedor de orines y heces. La casa estaba llena de polvo, sus ropas sin cuidar, las paredes manchadas y los muebles rotos, nada quedaba de aquella casa hermosa salvo unas espadas antiguas, parte del escudo de nuestro apellido español, que permanecían en la pared. Hacemos lo mismo en la vida, tratamos de arreglar superficialmente los efectos externos de un gran problema, porque parece ser más fácil que la acción drástica de cambiar la raíz que lo provoca. Busqué ayuda social solo para escuchar que mi mamá estaba bien, que eran cosas de la edad y que no podía interferir en su vida y sus derechos de vivir como ella quisiera. Mi mamá era una mujer brillante y podía convencer con sus argumentos a cualquier empleado del gobierno.

Ya sabía que tenía que tomar medidas extremas, pero a pesar de tener tanto en mi propia vida y la habilidad de darle lo que ella necesitara, su locura junto a mi culpabilidad no me lo permitían; me sentía incapaz de ayudarla. Soñaba con poder verla en un lugar limpio y seguro, pero mi mamá estaba indomable y yo estaba exhausta. Ninguna meditación o práctica trascendental funcionaba en este momento. Al contrario, mi moda en aquel momento era practicar la negación de la realidad. Según esa creencia, mis propias percepciones sobre mi mamá eran las responsables de que empeorara su condición; se suponía que al cambiar mi forma de verla, mejoraría todo, pero la realidad era que solo empeoraba, y mi inacción iba a costarle la vida.

En ese tiempo no iba a la iglesia, pero la iglesia franciscana en el Viejo San Juan tenía una noche de adoración eucarística especial; eran tres horas de canciones de alabanza ofrecidas por un sacerdote capuchino que tenía el regalo de conectarnos a Dios. Esa noche, el grupo musical con sus guitarras y bellas voces de coros retumbaban en la hermosa iglesia. Cuando llegué estaba un poco incómoda entre el olor a incienso y los duros asientos, pero luego de la primera hora de cánticos a Jesús, olvidé la dureza de esos bancos y caí en un estado profundo de paz que no había experimentado antes, ni siquiera en un *satsang*. Frente a la iglesia había dos reclinatorios, me armé de valor y a pesar de mi resistencia a entregarme a Dios, me dirigí al frente, me arrodillé y oré entre lágrimas:

—Por favor, Señor, lo que más te pido: ayuda a mi mamá, sánala y muéstrame cómo ayudarla. Amén.

En ese momento no lo sabía, pero estaba más cerca que nunca de la respuesta que un día cambiaría mi vida. Cuando oramos enviamos una luz de bengala al cielo que siempre será respondida. Dios solo espera esa llamada de parte de nosotros. Luego de esa noche comencé a añorar la paz alcanzada en estos segundos sábados de mes, los esperaba con mucha anticipación, hasta que un día desistí porque las salidas de esos sábados comenzaron a darme problemas en mi casa.

Cuando hemos esperado demasiado, toda situación que ha llegado a un punto límite crea su propio momento de crisis para mostrarnos que ya no podemos posponer la acción radical que tememos tomar. Mi mamá tenía la costumbre de rescatar a los locos del pueblo, solo que ahora ella se había convertido en uno de ellos. Esto realmente fue el extremo y un despertar a la realidad: mi mamá, quien antes de retirarse era una querida maestra, ahora estaba deambulando por las calles del pueblo. Un abogado amigo me recomendó un arresto legal que conllevaría llevarla a un internado; era lo último que pudiera pasar por mi cabeza, causar ese dolor a mi mamá. Cuando se deben tomar elecciones entre dos males, se elige el que cambie la situación, no el que simplemente sea una solución temporal. El abogado me comentó que tuvo que plantearse lo mismo sobre una decisión con su hijo adicto, es una acción extrema que tomas cuando la voluntad del ser querido ya no puede elegir correctamente. Quitarle la libertad a alguien que amas es una de las situaciones más difíciles a la que me he enfrentado.

La operación del día de su arresto fue toda una misión de coordinación. Mi hermano había llegado de California para ayudarme en la hazaña; en medio de la crisis nos mirábamos como adivinando lo que cada uno pensaba: era como un viaje al pasado y a los viejos tiempos de los gritos de mi mamá. Ella estaba descontrolada y sus insultos retumbaban en mi corazón, pero Dios colocó en la operación a una mujer policía que casualmente había sido su estudiante. Esa cara conocida ayudó a que mi mamá pudiera entrar en la ambulancia sin más violencia.

A pesar de la gran tristeza, cuando la ambulancia se marchó con mi mamá en camisa de fuerza, junto al silencio que quedó cuando esas puertas se cerraron, sentí que un gran peso se levantaba de mis hombros. En ese momento lo único que se me ocurrió decirle a mi hermano fue:

—¿Me acompañas a comer un helado? Creo que necesito una Banana Split.

Mi mamá fue diagnosticada con una lista interminable de desórdenes mentales y hormonales.

—Su mamá es bipolar, y tiene síntomas de paranoia y delirio. Es posible que haya tenido estas condiciones desde siempre.

Mientras oía estas palabras del psiquiatra, sentí cómo en un solo minuto comprendía décadas de confusión. Ahora de pronto mi mamá era inocente de todo cargo de abuso, y sentía que era yo la culpable de haberla odiado y juzgado todos esos años por acciones de las cuales ella solo era una víctima. Estaba mentalmente enferma, y un enfermo no es responsable de sus actos. Cada vez que perdonamos se cae una costra más de los ojos para ver mejor el presente, que usualmente vive empañado por lo que no hemos dejado ir.

En ese mismo segundo la perdoné y me perdoné. Sus acciones no tienen justificación, pero mi mamá no tenía control de sí misma. Desde ese momento la vi diferente, ya no era un monstruo, sino parecía una niña indefensa que yo necesitaba proteger y perdonar. El perdón a veces es tan sencillo como recibir un diagnóstico.

Dios me llevó al lugar donde encontraría el perdón y la liberación de un triste pasado, pero tengo que reconocer que a pesar de obtener tanto conocimiento por medio de monjes y sabios, fue a mi mamá, de forma inconciente e imperfecta, a quien al final de cuentas Dios utilizó para llevarme de regreso a él.

—¿Por qué no puedes estar conforme? —me decían—. Tienes todo lo que cualquier mujer pudiera desear. ¿Por qué no te quedas en tu casa, tranquila con tu familia?

Traté de hacerlo, tuve mi momento. Traté de convertirme en la ama de casa perfecta, intentando desde aprender a doblar una sábana hasta decorar casas de jengibre en la Navidad. Los cumpleaños de mi hija eran producciones teatrales. Así y todo, nada de eso me llenaba tanto como la necesidad imparable de cambiar el mundo. Sufría de un extraña necesidad de hacer «algo», pero al mismo tiempo sentía que ese algo que quería surgir de mis adentros se me había olvidado, así que trataba de apagar el deseo estando ocupada, aunque no era capaz de lograr extinguirlo totalmente. La pregunta de qué debía hacer con mi vida seguía encendida como un rótulo intermitente.

Un día regresé a Estados Unidos para hablar con Albert una vez más, el gurú inglés que años antes había conocido en la isla de Orcas. Esta vez lo visité en su casa en Oregón, donde Albert vivía rodeado de una reserva natural de decenas de cuerdas con paredes forradas de dulces frambuesas. Luego de mostrarme la finca en un viejo carro de golf, llegamos a lo que parecía una pequeña cabaña. Allí residía con el mínimo de comodidades. «Nada nos pertenece». Como buen inglés me preparó un té, me miró con sus ojos sinceros, aunque ya un poco cansados, y tal como en los entrenamientos que había inspirado, me preguntó:

—¿Qué es lo que quieres, Sharon? ¿Qué es lo que buscas?

Realmente, me quedé en blanco.

Ese día soleado comimos frambuesas y junto a mi hija alimentamos a las gallinas, los canguros y las llamas que vivían en la finca. Albert tenía una Biblia que destacaba en amarillo las palabras de Jesús. Su secreto era vivir una vida simple. Siempre dijo que quería vivir hasta los ciento veinte años, y era un vegetariano estricto, pero murió poco tiempo después de mi visita, probablemente sin llegar a los noventa. Sin saberlo, vivió mucho más que eso, porque dejó un legado en sus lecciones de motivación, de ayuda al prójimo, de paz y de búsqueda interior que vivirán para siempre por medio de las voces de otros autores de autoayuda. Considero a Albert un gran maestro; al final vivió una vida sana e inspiró indirectamente a cientos de miles de personas. Siempre repetía: «No se trata solo de tus deseos, sino del legado que dejarás al mundo». ¡Qué daría por tomar un té con él una vez más!

Ese día recordé el mensaje que me susurró en el oído aquella noche en la isla de Orcas, mientras esperaba por su bendición. «Tienes un regalo especial que a su tiempo será revelado».

Llega un momento luego de la adolescencia, cuando estamos seguros de tener todo bajo control, en que nuestra arrogancia es aplastada. Sucede cuando nuestro avión infalible se va en picada sin antes recibir el aviso de colocarnos la máscara de oxígeno. Estaba más afianzada que nunca en mis meditaciones, las que hacía al amanecer todos los días sin falta antes de que cantara el gallo. Mi rutina de natación y mi dieta vegetariana se volvieron más estrictas que nunca, quizás porque buscaba la manera de controlar lo incontrolable, pero mientras más meditaba, más yoga hacía, más Om y más espiritual pensaba ser, peor iba mi vida y mi matrimonio...

Era inevitable, luego de dieciocho años mi esposo y yo nos habíamos separado física y emocionalmente, y aunque vivíamos en la misma casa como muchos otros matrimonios a punto de terminar, entre nosotros poco a poco se había formado un gran vacío cavado por el desgaste de la convivencia, causado quizás por un sentimiento de falta de validación y aprecio mutuo, aquello que sucede cuando uno toma por sentado lo que tiene. La situación desembocó, luego de meses de silencio, en la necesidad de colocar palabras a lo que verdaderamente estaba sucediendo entre nosotros. Lo hicimos por medio de un corto diálogo que comenzó con el temible «necesitamos hablar», el cual más bien se tornó en una conversación sin salida, con el preludio del final colocado a la entrada:

—Esto no está funcionando —dije.

—No eres la misma con quien me casé.

El golpe mortal llegó cuando se me ocurrió la terrible idea de preguntar:

—¿Si me conocieras hoy, te casarías conmigo?

—Definitivamente no. Me respondió sin pensarlo.

Realmente no era la misma. ¿Se puede ser la misma persona durante dieciocho años? Lo conocí cuando era compradora de modas en una cadena de tiendas y ya había comenzado mi negocio de diseño de modas, utilizaba faldas más cortas, me colocaba más maquillaje y tenía el cabello más largo. *Antes hablaba sobre negocios, ahora era ama de casa y solo hablaba de mi hija y de espiritualidad, me había equivocado,* pensé. Ahora mis faldas bordeaban mis rodillas, tenía un corte de pelo clásico y apenas usaba maquillaje, quizás una vez más me había convertido en la esposa sumisa que se creía indispensable, a la que obligatoriamente alguien amaría y nunca dejaría. Nos presentaron en una cena de unos amigos fabricantes de la industria. Años más tarde, ya no teníamos negocios en común, los había dejado para ser mamá de tiempo completo. No ayudó que me hubiera enfrascado más y más en mis proyectos, organizando eventos para autores y perteneciendo a juntas de directores, quizás como un escape de la insatisfacción, que mirándola hoy, nada tenía que ver con él, sino conmigo. Claro, él tampoco era perfecto. Estar demasiado ocupados en cosas importantes era el somnífero ideal.

Mi insatisfacción no era nueva, la conocía muy bien, entraba por la ventana escondida de mis mejores momentos. Una década antes, el desconsuelo ya había hecho una entrada fugaz en mi vida vaticinando lo que hoy ocurriría. Esa vez estaba embarazada de mi hija y mirando desde el lugar más hermoso de Italia, luego de obtener todos mis sueños y anhelos, en la cúspide de todo aquel paraíso terrenal de aguas azules, gardenias y el atardecer más colorido, sentí un vacío imposible de llenar. Había viajado impensables caminos desde mis tristes días de adolescencia hasta este hermoso lugar, el cual no se me hubiera ocurrido ni siquiera soñar.

¿Cómo puede uno sentirse tan desagradecido con tanto si no es a causa de *un vacío que no puede llenarse con las cosas de este mundo?*, como decía C. S. Lewis.

En mi pasado difícil no tenía la imaginación suficiente para tan bello futuro. En el exterior todo era hermoso, pero interiormente la misma niña dolida y abandonada seguía allí. Sí, había creado un futuro deseado, pero a pesar de esto, mi interior y mi exterior no coincidían; el vacío y el dolor internos seguían intactos. No era ambición ni desagradecimiento, todo lo contrario. Al menos cuando no se tiene nada, siempre existe la esperanza de que cuando se obtenga lo deseado, al fin se logrará ser feliz, pero ¿qué sucede cuando ya se tiene todo lo soñado y tampoco llena, ni se obtiene la felicidad? El amor, la familia, la abundancia, ayudar a otros, nada era suficiente. Los budistas tenían razón, una de las cualidades del ser humano es la incapacidad de sentirse satisfecho, sin importar lo logrado.

Las lecciones de positivismo que había aprendido unos años antes junto al tema de moda sobre el manejo de las emociones y la autoayuda que invitaba a no apegarnos a nada, se convirtieron en mi nueva medicina de escape para manejar la tristeza de esos días: «Te amo, pero no te necesito» se convirtió en mi lema. Había hecho una sopa que incluía budismo mezclado con egoísmo, que junto a la autoayuda, tenían en común asegurar que todo era una ilusión y que nada era real. Representaba la receta perfecta para sobrevivir a la tristeza que me acosaba, al ignorar lo que me estaba sucediendo. Aunque me entregaba a Dios, hoy puedo ver que el concepto que tenía de él era demasiado impersonal para que pudiera escucharme. Uno no se puede entregar a quien en realidad no se reconoce. Me acusarán de ser simplista y de no comprender sus filosofías, pero la síntesis de lo que mi cerebro registró en ese momento fue no sufrir a cambio del terrible precio de apagar mi sistema límbico para dejar de sentir las emociones y no reaccionar: si nada es real, no tengo que responder al dolor. No juzgues, no sientas, no pienses. Tal como cuando voy al cine y veo una película de terror, al final mi vida no es real y no tengo que defenderme del vampiro que vi. No obstante, mi tristeza resultaba muy real y la película no se terminaba, el vampiro también era real, era mi propia mente que me quitaba toda la energía y el discernimiento, más bien se trataba de un drama de horror en el que no llegaba la palabra fin.

Negar las emociones puede traer terribles consecuencias; esto era todo lo contrario a lo que me había mostrado Albert, mi maestro de Orcas, unos años antes cuando me había invitado a zambullirme en ellas. Las nuevas lecciones eran muy atractivas, tenían en común la negación de la realidad, la negación de las emociones y la cancelación de lo que ocurría ante mis ojos. No podía sentir tristeza, eso significaba que me había dormido, tampoco podía hablar sobre nada negativo, eso solo atraía más problemas. ¿Pero cómo se solucionan los problemas si no es colocando el reto al descubierto en un lugar visible para entenderlo? En otras palabras, primero necesitaba aceptarlo para luego arreglarlo. Era la moda de compartimentar y guardar la ropa sucia en las gavetas para luego esperar a que se organizaran por sí mismas. Toda la responsabilidad de los sucesos que ocurrían, decían las lecciones de espiritualidad, era la consecuencia directa de todo lo que creaba con mi pensamiento. Si cambiaba mi pensamiento y lo que percibía, cambiaría mi vida por un milagro. Me repetía esto varias veces, pero mi pensamiento solo me culpaba por lo que estaba sucediendo y me castigaba por haberlo creado, era pura esquizofrenia.

Tres meses después de la separación, recibí una llamada en la que mi esposo me preguntaba si yo intentaría volver con él.

—¿Qué clase de pregunta es esa? —me dije indignada.

Quería que peleara por mí, que como un capitán de galeón tomara las armas y recuperara su territorio.

—Por supuesto que no —le respondí esperando una respuesta de lucha.

No hubo respuesta… y yo en mi orgullo tampoco la busqué. No era el primero que repetiría el drama de no luchar por mí.

Al final no se divorcian los esposos, sino que se divorcia una familia; igual que en el día de la boda hacemos una promesa de «por siempre», en el divorcio hacemos una separación de por vida en la que prometemos un nuevo «hasta nunca». De pronto, quienes consideré mi familia, hoy se convertirían en perfectos desconocidos. ¿Qué sucedió con las dos décadas de relaciones familiares?

Los sentimientos pueden cambiar de un momento a otro. Una vida que no puede redimirse, aunque sea por el beneficio del pensamiento, es una enseñanza perdida. Todo está perfecto, dirán los optimistas, no hay error, pero esto es una gran mentira, necesitamos mirar el pasado y liberarlo con la aceptación del presente, de otro modo, lo que no miramos se convierte en lo que nos encadena. Una vez que miramos la realidad de lo sucedido, necesitamos perdonarnos, elegir el perdón aunque pensemos no necesitarlo, aunque creamos no merecerlo.

Quizás no hubiera podido evitar mi divorcio de ningún modo, ni siquiera con una buena ronda de terapias matrimoniales. Quizás es por esa razón que los bahá'í sugieren un año de paciencia antes de conceder un divorcio, mientras que existen otros que llevan décadas de paciencia que nosotros no tuvimos. Muchos nos llevamos la culpa hasta la tumba, otras veces no nos atrevemos a dar ese paso por nuestros hijos. Nuestro pasado no puede ser juzgado desde el presente, y por más que queramos, tampoco puede ser corregido por las lecciones aprendidas más tarde, solo se puede cambiar la percepción del pensamiento sobre lo que ocurrió y aceptar lo que hemos vivido en el ayer con la dignidad del ahora y la esperanza de una nueva oportunidad en el mañana.

La gran lección es que no podemos mirar el pasado y pretender haber actuado con las cualidades que poseemos en el presente, como por ejemplo, el compromiso «por siempre». En las palabras de Maya Angelou: «Perdónate a ti mismo por no saber lo que no sabías antes de haberlo aprendido». Al final, mi esposo solo regresaba a recordarme una lección de un pasado sin redimir. El dolor y el temor al rechazo y la

forma infalible que repetía para vencerlo eran el miedo conocido que me llevaba a abandonar antes de ser rechazada. *Si
tu padre es el primer amor, entonces regresará varias veces.*

Tal como el caracol vacío se convierte en el objeto ansiado
de un cangrejo ermitaño sin concha, no pasó mucho tiempo antes de que ambos fuéramos perseguidos por un nuevo
inquilino para tratar de ocupar el espacio que se había quedado vacío. Otras conchas vacías se convertirán en el hogar
de transición de algún cangrejo ermitaño. Dicen que cuando
dos ermitaños solos se encuentran con un caparazón vacío,
ambos comienzan un duelo por obtenerlo. La arena no es otra
cosa que un cementerio de casas y adornos hechos polvo que
alguna vez pertenecieron a un habitante fugaz. Esa lección la
aprendí años más tarde en la playa de la Isla de Captiva, que
tiene la peculiaridad de poseer las arenas con más almejas en
la Florida; conchas de todos los colores y tamaños reflejan
el sol y son piezas de colección para los niños que visitan sus
playas. Caminas por la arena y ves cómo los caracoles vacíos
de hoy fueron las casas que se quedaron solas en el ayer y, tal
como a los cuerpos humanos, el tiempo se ha encargado de
convertirlas en polvo.

Mi casa igualmente pronto quedaría vacía. Era la noche antes de mi partida, y aunque sabía que sería la última vez que dormiría en mi hogar, no fui capaz de negarme al pedido de Diana, una amiga con la que frecuentemente colaboraba en obras para la comunidad. Esa misma noche celebramos la última de tantas actividades en la casa donde por más de una década compartí con mi familia. La actividad era una velada de la comunidad haitiana local para celebrar la vida de los niños que se habían salvado en el terremoto. Pensé que esta sería la mejor forma de despedirme yo misma y agradecer a Dios por los bonitos tiempos vividos en el nido que al otro día dejaría. Mientras escuchaba la típica música francesa de Haití, no podía dejar de pensar que un terremoto de otra magnitud había arrasado mi hogar, solo que en él ya no quedaban sobrevivientes. Una vez terminada la actividad, los empleados comenzarían a remover muebles, lámparas y espejos, porque por un impulso había vendido todas mis pertenencias a un solo comprador. No quería llevar conmigo ninguna huella que me recordara el pasado, pero las huellas de la memoria no pueden ser borradas, ellas se quedan como escombros permanentes en el corazón.

Recordé el día que compramos la casa con el olor a tierra húmeda, el cantar de los pájaros y su terreno de bosque tropical que nos cautivó. Fue una residencia que diseñé desde los cimientos, y su reconstrucción fue un intento de recrear una casa al estilo español de California, incluyendo las tejas y la entrada de ladrillos. Todo era blanco en su interior, no tenía muchos muebles, tampoco eran lujosos ni costosos, pero estaban llenos de historia. La mayoría habían sido rescatados de mercados de pulgas en varios viajes. Era diseñadora de modas y sabía que todo buen mueble Luis XV puede ser regresado a la vida con un poco de pintura blanca y forros de lino.

Lo que más me gustaba de la casa era que estaba rodeada de árboles de ilán ilán, de cuyas flores brotaba una deliciosa fragancia, un aroma que curiosamente comenzaba a emanar, todos los días, justo a las seis de la tarde. Amaba las flores de bellos colores conocidas como *impacientes*, quizás porque su nombre me recordaba algo de mí misma. Los árboles de roble y mis peces koi ya no serían mis vecinos. Había sido mucho más que una casa, fue el salón de clases de mi hija, donde le brindé educación en el hogar en sus primeros años. Recuerdo que ella había aprendido a leer en mi cama, mientras afuera la ventana se adornaba con la copa de un hermoso árbol antiguo donde cada tarde caía la lluvia más sonora.

Después de la actividad, a la mañana siguiente, la casa ya no era la misma; al tiempo que se desmantelaba una vida, quedaba un extraño eco lleno de frialdad. Todo su calor se había ido por el hueco negro de un pasado que no volvería, no solo por las cosas que ya no estaban allí, sino por las personas que jamás regresarían. Entre las paredes parecía escuchar el eco de las voces y las risas de los buenos tiempos, los cumpleaños, los pasos de mi hija haciendo travesuras y dando vueltas de ballet, los hijos de mi esposo con sus amigos, el hermano de mi hija trabajando la mecánica de sus autos en el garaje, las celebraciones de Navidad y las cenas con la familia y los amigos; pronto todo sería un reflejo de un lejano pasado.

No hubo despedidas, una mujer divorciada puede ser un problema viral para las demás que se encuentran felizmente casadas, muchas de las que consideraba mis amigas más queridas estaban ausentes en ese momento. Al final, es cierto lo que dicen: los buenos amigos se reconocen en los peores momentos y los que no lo son, también; para algunos quizás había perdido el apellido que me daba valor.

Mientras colocaba la última pieza de equipaje en el auto que me llevaría al aeropuerto, recordé tantas otras veces que viajé, solo que esta vez era diferente, no tenía un boleto de regreso. Quería llevarme en los puños de mis manos las experiencias buenas, esos momentos que transcurren, pero que ignoramos porque los consideramos rutinarios; sin embargo, cuando estás a punto de perderlos, te das cuenta de que eran los buenos tiempos y aunque sabes que vendrán otros, ellos siempre serán irremplazables.

En el último momento que estaba de espalda a la casa, me dije: *No mires hacia atrás Sharon, o te pasará como a la mujer de Lot, te convertirás en una estatua de sal.*

Realmente no tenía la valentía de mirar, pero luchaba con el sentimiento, practicando el desprendimiento y el desapego que en los últimos meses se habían convertido en mi muy confundida filosofía de vida. Cuando el auto se alejaba de la casa me di cuenta de que aquella era la misma casa grande con dos columnas que mi abuela me había mencionado en su predicción a mis quince años. Es muy probable que mi subconsciente la hubiera creado. La vida tiene sus maneras de regresarnos a aquello que en algún momento hemos imaginado, por ese motivo es mejor imaginar lo mejor.

Ya desde el avión de camino a un nuevo país, miré por última vez las diminutas casas, incluyendo la que había dejado atrás, que desde esa altura ya no parecía tan grande. Adiós para siempre a una vida que no será igual. Al momento del despegue escuché en mi mente, una vez más, las voces de las conversaciones que lo habían cambiado todo, miraba a mi hija y me preguntaba una y otra vez.

Y ahora... ¿qué nos deparará el destino?

TERCERA PARTE

Amén

Amén

COMENZAR DE NUEVO

Hay una historia de la humanidad que se repite, mejor conocida como la historia del Hijo Pródigo. Lo teníamos todo, pero un día quisimos tener más, solo que en ese momento no sabíamos que tener más era experimentar menos; para saber que siempre habíamos tenido la luz, necesitábamos caminar hacia la oscuridad. Al final, la única forma de saberlo era perdiéndolo todo. Los opuestos se reconocen por medio del contraste. Ahora tengo un punto de referencia para comparar. Todo tiene un ritmo, nos perdemos para luego encontrarnos. Se necesita experimentar el frío para conocer el calor; se necesita sentir la angustia para reconocer la paz. La búsqueda espiritual se basa en encontrar ese lugar donde los extremos ya no puedan tocarnos, donde todo sea paz, dicha y plenitud. Es aprender a volar por encima de las tormentas como las águilas. Todos buscamos ese lugar donde el amor y la paz sean el estado natural; esta es la descripción del cielo y del mismo paraíso.

Pienso que Dios nos busca y nos encuentra como estemos y donde nos encontremos. Dios no discrimina, es tan sabio y tan persistente que siempre encontrará el comunicador perfecto y el lugar indicado para darnos la lección necesaria y acercarnos más a él sin importar en qué lugar del camino nos hallemos.

Equivocadamente pensamos que si cambiamos de lugar podremos evadir las nubes de desolación que nos persiguen, creemos que si escapamos muy lejos, nuestros retos no podrán alcanzarnos, pero nadie puede esconderse de sí mismo. Por más lejos que viajemos no podremos evitar lo que sentimos, porque nadie puede viajar sin llevarse a sí mismo. Cuando se elige algo a sabiendas de que eso afectará tu vida entera, es como lanzarse al vacío, no se puede ver el suelo ni el cielo, solo se pueden ver las propias dudas. Miramos al cielo esperando que el Señor de arriba envíe algún tipo de señal que confirme que estamos en el camino correcto. En ese tiempo todavía no le hablaba a ese Señor de arriba, sino al universo. Estaba segura de que su orden me protegería, que no había manera de cometer un error.

Todo es perfecto, me decía. Om.

Acababa de llegar a Miami con mi hija. Había alquilado un departamento en un edificio que estaba recién construido, lo había escogido por su seguridad. Ya era tarde y no había nadie en el recibidor, me pareció inusual, pero seguí derecho. Cuando llegamos a la puerta de mi departamento, noté algo muy extraño. La entrada tenía un papel enorme que la cubría casi completamente y decía algo así como... clausurado.

¡¿Clausurado?! Esto no puede ser, había pagado todo por adelantado. Abrí la puerta y fui al baño, donde me encontré que la tapa del inodoro tenía el mismo papel que decía; «Clausurado, peligro, no lo utilice». Le grité a mi hija: «¡No tomes el agua!». Salí despavorida cuando vi la palabra legionela. «Esto no puede estar sucediendo», me decía, sin entender nada.

—¿Qué es legionela? —pregunté a un empleado que me encontré en el pasillo.

—Señora —me dijo el empleado en español, porque en Miami el inglés es opcional—, es la enfermedad del legionario, una enfermedad infecciosa, potencialmente fatal, producida por una terrible bacteria aeróbica que vive en el agua.

—¿¡Aeróbica!? —dije con tono de sarcasmo. Siempre que tengo los nervios de punta aprovecho el momento para hacer un chiste.

—Se trasmite por las gotas y el vapor del agua —me dijo con el ceño fruncido, sin demostrar que le hubiera hecho gracia mi comentario.

Si hubiera bajado el inodoro me hubiera contagiado. Era un problema serio. El edificio estaba contaminado y ya había muerto una persona. ¿Cuáles son las posibilidades de que esto ocurra? ¡Una vez en un millón!

Esperaba alguna señal del cielo para confirmar que estaba en el camino correcto, pero esto me confirmaba lo que me temía: ¡había cometido el error más grande de mi vida! Todo me parecía una gran pesadilla, pero demostré compostura frente a mi hija, quien a sus doce años, todavía creía que mamá tenía todo bajo control. El verdadero deseo dentro de mí era regresar a casa, a mi hogar, donde había vivido todos estos años, pero ya era tarde para dar marcha atrás.

Me fui con mi hija y con varias maletas a un hotel. Estaba exhausta y también segura de que todo había sido un grave error. Esto no ayudaba al peso de mi ya cargada maleta emocional repleta de culpa. Esa primera noche en Miami, miraba a mi hija mientras dormía tranquila y me preguntaba: *¿Cuántos errores he cometido como mamá?*

Seguro continúo cometiéndolos. Siempre habrá algo que pudimos haber hecho mejor por nuestros hijos. La mayoría de nuestros errores pueden repararse, muchos pueden corregirse, pero ese día que acababa de llegar a Miami tuve que aceptar que a pesar de haberla complacido en tanto, hoy sabía que había algo irreparable: el hogar roto de su mamá y su papá.

Mientras miraba el techo oscuro del hotel, tratando inútilmente de dormirme, pensaba que en años no había firmado un cheque, no me había preocupado por pagar la electricidad, el agua, y menos perdido el sueño por el lugar donde iría a dormir. Tampoco entendía de inversiones, firmas o las letras pequeñas de los contratos, pero ahora de pronto me encontraba sola con la aterradora responsabilidad de ser la única en el mundo encargada de tomar decisiones, que como en este caso, parecían irreparables. Solo sabía de fábricas de ropa y un poco de espiritualidad, pero estaba fuera de forma y más que todo, fuera de control. Era el 2009, los mercados y los bienes raíces estaban cayendo y las fortunas se estaban perdiendo. No entendía de bancos ni de la bolsa, ni sabía cómo comprar una propiedad. *Pudo haber sido peor*, me decía para calmarme, *pude haberme quedado sin nada.*

En ese tiempo todavía no creía en entregarle las cosas a Dios, sino en controlar todo por mis propios medios. *A ver, necesito usar la afirmación, no mirar lo negativo, de seguro yo he creado todo esto con mi pensamiento enfocado en el error*, pero nada funcionaba.

Pensar que atraes toda la basura a tu vida solo con la fuerza del pensamiento no ayuda, especialmente cuando estás parada dentro de un vertedero. Ya no estaba tan segura de que las leyes universales me ayudarían. Había perdido mucho, pero al menos todavía tenía lo importante, a mi hija y nuestra salud, a pesar de haber estado peligrosamente cerca de perder los pulmones con la «aeróbica». Sin duda algo no estaba funcionando en mi vida y tenía que comenzar por aceptarlo.

Esa noche recordé las distantes palabras de mi antiguo guía espiritual: «Necesitas entregarte a Dios», decía el gurú de la India. Pero mi Dios había desaparecido, lo había sustituido por un universo que se confabulaba para cumplir mis deseos más egoístas; era un cómplice, no un consejero. No necesitas consejos cuando piensas que ya sabes lo que quieres. En vez de yo estar a sus pies, pretendía que él estuviera postrado a los míos.

Ya instalada en mi nuevo apartamento, lejos del peligro y tomándome un café, respiré profundo o más bien exhalé, ahora sentía que sí estaba en el lugar correcto, al menos por el momento. Era un piso mucho más alto, a varias cuadras del primero. Mientras recorría con mi mirada el panorama, me percaté de que cincuenta pisos más abajo había una iglesia. Miami es un valle de cemento sin colinas, pero yo sentía que mi edificio era mi propia montaña en medio de la gran ciudad. Este lugar se convirtió en mi nuevo hogar y esa iglesia más tarde jugaría el papel más importante en mi espiritualidad. Al final, Dios utiliza todo para nuestro bien. A veces necesitamos aprender a vivir en la incomodidad de no saber lo próximo. Si tan solo aprendiéramos a confiar.

Le envié una oración a quien me estuviera escuchando en la iglesia y así fue que sin querer comenzó mi conversación con Aquel que la habitaba. Este fue mi primer paso para mi encuentro con el AMÉN.

Luego de un trago amargo, la vida puede traerte un poco de miel como un respiro, al menos hasta la próxima prueba. Estaba fuera de práctica en el tema de las relaciones amorosas, pero las atenciones de un nuevo amor y su filosofía me mantuvieron distraída y lejos de ser recluida con una «lobotomía» en un hospital psiquiátrico en el momento crítico de transición. Eduardo era varonil, aventurero, filosófico y desbordado de pasión. Con él rejuvenecí, nada quita los años como sentirse deseada. Tenía mucho miedo, sí, y él no era perfecto, pero su sentido de aventura me ayudó a soltar un poco mis pies atados. Con él tomé mi primera sangría en años y redescubrí los colores de un amanecer para al menos comenzar a caminar hacia una nueva dirección y una nueva vida, que al final no lo incluiría.

Reflexionando un poco puedo ver que no me enamoré tanto de él como de las cualidades que representaba en ese momento de mi vida; tenía los atributos que creía necesitar: libertad de pensamiento, valentía, desapego y pocas inhibiciones. En cambio, yo llevaba una vida aguantando la respiración, hablando bajo, caminando tres pasos más lento, sin hacer ruido y luchando con mis miedos. Eduardo, por el contrario, era la dosis de oxígeno perfecta que recibí al sacar mi cabeza a flote y respirar de nuevo, pero al final, las cualidades que me atrajeron de él fueron las mismas que, una vez descubiertas, me alejaron.

Dicen que justo después de pasar una gran desilusión es común recaer en los brazos de algún rescatador, aunque sea el equivocado. Ahora veo que antes de tratar de nuevo, tal como un vino añejado, es conveniente decantar un poco y oxigenarse para despojarse de los sedimentos y los residuos del pasado.

Colocamos cualidades divinas en las personas y las cosas de este mundo, lo que al final es solo un gran espejo de distracciones cubierto por humo. Las reflexiones falsas de las sombras de sus personajes y sus ilusiones pueden engañarnos, y nos ocurre a menudo. Existe una flor que se llama Flor de Campanilla, la cual abre en la mañana, pero solo vive un día, y al morir es rápidamente sustituida por otra flor que igualmente durará otro día; el arbusto parece estar lleno, pero al final se encuentra solitario. Esta es la cara oscura de vivir en desapego. Todo tiene una razón de ser, existen personas que llegan a tu vida, no para estar con ellas por mucho tiempo, sino para ayudarte a sobrevivir una difícil temporada.

Si no encontramos la respuesta es porque a veces somos nosotros los que necesitamos reformar la pregunta. El propósito no es un plan, sino la expresión de una necesidad de compartir nuestros regalos. La idea del primer libro nació como una respuesta a mi propia búsqueda. A veces los sueños no son frutos del amor, sino la respuesta a alguna desilusión.

El mundo nos pide que actuemos, que imaginemos, que formemos nuestra propia realidad y luego mostremos resultados, pero estaba aprendiendo que quizás el secreto radicaba en todo lo contrario; simplemente en dejar de insistir en mis grandes ideas y pedir ayuda al altísimo.

Sentía que lo había perdido todo, que a pesar de tantos años invertidos en mejorarme a mí misma y manifestar mis sueños, nada había aprendido y nada me quedaba. Aquí estaba sola de nuevo, otra noche oscura del alma navegando sin un horizonte a la vista en las aguas oscuras de la incertidumbre, donde solo podía escuchar el rugido de un precipicio no muy lejano. En esta etapa de mi vida se suponía que descansara en la certeza y la seguridad, pero ahora solo vivía en el desvelo de lo desconocido.

El dinero puede darte un lugar de descanso, pero no puede darte paz; puede darte una casa, pero no puede darte un hogar; puede darte empleados, pero no puede darte una familia. El dinero puede darte protección, pero no puede darte seguridad. Al final, el dinero puede darte privilegios, pero no puede darte amor.

CÓMO NACE UN ESCRITOR

Después del divorcio me tomó tiempo despertar a la realidad de lo que me había sucedido. Tenía muchos sueños, pero ahora ninguno daba frutos, solo producían obstáculos. Mis músculos de la independencia estaban atrofiados por tantos años de dependencia emocional. Como quien lleva demasiado tiempo sentado en una silla de ruedas, sentía que no tenía fuerzas en las piernas para levantarme y comenzar de nuevo. ¿Qué hago? Era una buena pregunta, pero mejor pregunta hubiera sido: ¿Quién soy? Porque había olvidado quién era.

Unos años antes cuando todavía vivía en Puerto Rico, había comenzado un programa radial por sugerencia de Gladys, una buena amiga que era dueña de una estación de radio, otro ángel que pudo ver lo que yo misma no podía.

—Sharon, tienes tantas inquietudes y tanta información para dar, que pienso que serías espectacular en la radio.

—Pero Gladys, no tengo experiencia, ni siquiera sé hablar frente a un micrófono.

—No te preocupes, yo te ayudo.

Y así fue que, una vez más sin mi propia fe, pero siguiendo la seguridad que otro colocaba en mí, comencé el programa.

Me sentía aterrada con la idea de estar al aire, pero compartía el micrófono con un viejo amigo que era librero y me ayudó a ganar confianza. El programa en Puerto Rico fue un éxito y gracias a ese espacio escribía en un blog sobre varios temas espirituales que discutíamos en el espacio radial. Las lecciones eran en su mayoría aprendizajes de la naturaleza, como la no lucha, el cambio constante, las afirmaciones, vivir en el presente, cómo encontrar tu propósito, en fin, no eran muy diferentes de las enseñanzas que hoy todavía escribo, aunque ahora las acompaño de Dios. Tenía decenas de hojas con los escritos y traté de colocarlas en algún orden que tuviera sentido. Un día desde Miami, mientras hablaba por teléfono con mi amiga Jay, quien más que amiga es una hermana del alma, me insistió en que debía publicar esos escritos olvidados que había producido en Puerto Rico en el blog del programa radial sobre bienestar. Aunque no encontraba nada especial con ellos, Jay seguía insistiendo.

—Tienes que escribir un libro y publicarlo aunque sea por ti misma, esos escritos tienen algo especial que cambian vidas —me decía.

No tenía editor que lo publicara, pero soy muy buena en arte gráfico, así que diseñé una portada, la imprimí y la coloqué encima de otro libro, creando mi primer prototipo. Le puse por nombre *Los ciclos del alma*, todavía tengo ese prototipo.

Escribir es un proceso de fe. Un libro puede tomar meses, hasta años. Los escritores nos lanzamos al vacío con la necesidad de compartir, con la única esperanza de que quizás algún día, ese mensaje pueda inspirar a más de uno. La mayoría lo hacemos llenos de dudas.

¿Quién soy yo para escribir sobre esto?

Siempre repito que no soy tanto escritora como alguien que tiene algo que compartir. Escribí el primer libro porque había un mensaje que quería comunicar, uno que no había podido encontrar en los libros de autoayuda; ese mensaje partía de la lección de entregarse a un Dios personal. En las páginas de ese manuscrito plasmé mis nuevos aprendizajes. Dios es el secreto. Aunque nunca fui *coach* o terapista, siempre ayudaba con consejos a personas en sufrimiento. Pienso que un día que se nos va sin elevar a otro es un día perdido. Todavía lo hago, a veces son personas que no conozco, simplemente llegan por medio de algún amigo o por alguna casualidad. Sin embargo, cuando solo me faltaban unos capítulos para terminar el libro, me ocurrió algo extraño. Comencé a ver un patrón en las personas a quienes ayudaba, eran unos pasos que tenían un efecto inesperado: una entrega especial y una paz que no había visto con otras lecciones de positivismo mental.

Gracias a mis propios fracasos, en vez de buscar manifestaciones, esta vez opté por entregar; en vez de decretar, comencé a hablarle a Dios de una manera más humilde. Invitaba a las personas a quienes ayudaba a hacer lo mismo. Los pasos eran bastante tradicionales, atrás habían quedado todas las prácticas sofisticadas de ocultismo y Nueva Era. Las nuevas lecciones eran tan simples como observar, aceptar, agradecer, entregar a Dios, perdonar, soltar y ayudar a otros. La diferencia con otras filosofías era no dirigir sino entregar, cooperar con la voluntad de Dios, esperar lo mejor pero soltar los desenlaces. El primer paso era dar un permiso especial, como una manera de invitar a Dios por medio de una elección consciente.

Escribiendo sobre la naturaleza y observando cómo su inteligencia se expresa sin obstáculos, trabajando entrelazada entre sí y de manera espontánea, llegué a la conclusión de que los humanos somos los únicos seres vivientes que no cooperamos con Dios, a veces ni con nosotros mismos. Al contrario, muchas veces elegimos dar la espalda y no participar junto a

Dios en su creación. Nuestra arrogancia de creer saberlo todo y de crear un futuro sin su ayuda es lo que produce el caos. Las células, las hormonas, las hormigas y las abejas saben perfectamente lo que tienen que hacer sin cuestionarlo; ellas necesitan moverse por el bien común y no por sus necesidades egoístas. Su credo es la cooperación. En cambio, cuando una célula se rebela contra su orden se convierte en cáncer, y si no logramos erradicarla por medio de los radicales libres, no pasará mucho tiempo antes de que acabe con el mismo sistema que la sostiene.

La corona de ese libro fue el Padrenuestro, me di cuenta de que esa oración tenía un significado más profundo de lo que nos habían enseñado y a la vez confirmaba mi teoría. Dios siempre nos ayuda, pero para que esa ayuda no sea limitada por nuestros propios deseos, necesitamos acceder a ser partícipes al decir las palabras milagrosas que lo cambian todo: *Hágase tu voluntad*. Así fue que comencé a orar el Padrenuestro día y noche, incluso alrededor de las cuentas del rosario. Mi meditación ahora era una versión de esta oración que nos enseñó Jesús, adaptada a la primera persona, la cual luego compartí en el libro. El mismo día que terminé el manuscrito, que estaba perfectamente organizado y editado, una vez más la serendipia me visitó. Esa tarde recibí una llamada de mi amiga Giova, que en ese tiempo trabajaba en una casa editorial en España; la había conocido unos años antes en Barcelona, cuando todavía no pensaba escribir el libro. Ella acababa de llegar a Miami, donde se reuniría con otros escritores, y me invitó a almorzar. Le entregué el manuscrito y se lo llevó sin promesas. Pasaron dos meses cuando me dio la gran sorpresa: la editorial, luego de algunas correcciones que ella misma sugirió, lo había aceptado.

En el pasado promoví a otros autores sin saber que estaba pavimentando mi propio camino, a veces lo que más admiramos en los demás es precisamente lo que necesitamos desarrollar en nosotros. La admiración es como un compás que nos muestra una primicia de nuestros propios sueños. Es por eso que la envidia resulta tan destructiva, pues implica una admiración distorsionada por la ira en la que se resiste el logro de otro, partiendo de la premisa equivocada de que la vida es injusta y no tenemos lo necesario para triunfar, destruyendo así la oportunidad de descubrir nuestras propias posibilidades, porque nunca puede envidiarse realmente lo que en un principio no se desee para uno mismo.

La fe es creer sin evidencia. El aventurarnos hacia tierras desconocidas sin garantías puede premiarnos con una gran sorpresa al final del camino. Hacer lo máximo donde estemos y como estemos, acompañados de la fe y del deseo de ayudar sin esperar nada a cambio, es la fórmula infalible. Es importante tratar con amor a todas las personas que encontremos en el camino, no por interés sino por sinceridad, ya que cada persona tiene el potencial de ser un gran aliado.

Giova y yo además del trabajo desarrollamos una linda amistad, una hermandad a la italiana, encontrándonos cada año en alguna ciudad del mundo para filosofar hasta el amanecer. Uno de los más bonitos encuentros fue en Milán, en esa ocasión tuvimos una hermosa cena con un librero y un conocido escritor italiano. El regalo que me dejó el escritor fue sobre la importancia de conocer la etimología de las palabras, esa es una lección que nunca olvidé; él me aseguró que el significado secreto que se encuentra dentro de las palabras es lo que propulsa nuestra vida. Todos tenemos un mensaje que compartir con otro. La sinceridad y la autenticidad no se olvidan fácilmente.

Muchas personas me dicen que quieren escribir, pero acto seguido enumeran todas las razones por las que no pueden hacerlo, dicen no tener tiempo, no saber escribir bien, no contar con la editorial ideal, no poseer estudios. Sucede con la mayoría de nuestros sueños, si hubiera considerado estas razones, no habría comenzazdo nunca. Se empieza donde estemos, nos hacemos prolíficos con la práctica, nos volvemos expertos editando, y seremos maestros corrigiendo los errores. La edición de un libro es la parte más difícil, es como editar una vida, como podar un jardín. Implica dejar ir algunas buenas ideas y limpiar el camino de las distracciones con el fin de abrir un espacio para que brille lo verdadero. El mejor consejo es simplemente sentarse a escribir, el segundo es la humildad de escuchar las críticas, sí, a veces son necesarias. No se puede llegar a un destino desconocido sin comenzar a caminar, y aunque el corazón es el principal compás, no se puede pretender llegar sin la humildad de recibir algunas direcciones.

La publicación del libro *Los ciclos del alma*, en Barcelona, me llevó a visitar varias ciudades de Europa, Estados Unidos, Centroamérica, Suramérica y también el Caribe, promoviendo por varios años las lecciones de la entrega que proponía en el libro y que tanta paz me habían brindado. Curiosamente pude notar una lección que se repite en cada lugar, no importa la ciudad que se visite, y es que los retos y el sufrimiento son los mismos en todas partes, porque se basan en los mismos problemas: desesperanza, vacío y falta de perdón. Cada ciudad me decía que su gobierno estaba en crisis, claro, algunos países están en una peor situación que otros, igualmente pareciera que cíclicamente entramos y salimos de esos estados de conflicto extremo por medio de una ruleta que nos asigna un turno al azar, sin que podamos hacer nada.

—Este mundo es una m... —palabras sabias de un lector.

—Todo depende de cómo se mire —le contesté.

Lo sé, ¿cómo decirle al mundo que la crisis exterior además de ser causada por los gobiernos injustos es también un reflejo y un síntoma de la crisis interior que estamos viviendo por habernos desconectado todos voluntariamente de nuestra riqueza mayor? Sucede cuando nos olvidamos de aquello que nos da la verdadera paz, cuando nos alejamos del amor de Dios, pero no siempre estamos separados de Dios. Hablo a diario con personas devotas que igualmente tienen pérdidas: hijos, madres y hermanos que una mañana ya no están al despertar. Ninguna se lo ha merecido, Jesús tampoco; no es un castigo, ni lo han atraído. Solo sé que resistir o negar la realidad del exterior únicamente traerá más sufrimiento, en cambio si la aceptamos —no quiere decir que la celebremos— descubriremos que incluso en el peor caos, siempre podemos sacar algo bueno. Cuando asumimos nuestra parte en esta vida, indiscutiblemente tendremos la paz. No somos culpables de todo, pero te aseguro que en cada conflicto somos responsables de algo. No puedes proyectar lo que no tienes dentro, no puedes dar lo que te falta, tampoco puedes cambiar en otro lo que todavía no has conquistado. Si tienes angustia, darás angustia, por eso la gran lección que compartía en ese libro era la de ir primero a Dios y conectarse con él al decir las palabras: *Te entrego mi vida, mis preocupaciones y mis manos, expresa a través de ellas mi máximo bien.*

Llevar un poco de esperanza es un gran regalo que tomo muy en serio. Jay me acompañó a la mayoría de estos viajes. Dar charlas y firmar libros por librerías en Europa y América era una vida que no me hubiera podido imaginar. No se trataba de que no la hubiera soñado, pero no la creía posible, sin embargo, cada paso que me atreví a dar sin tener un piso firme que lo recibiera me acercó un poco más al propósito, que no era tanto el sueño de ser una escritora reconocida como de compartir un mensaje esperanzador.

El propósito llega acompañado de retos. La escritura tiene un momento pasivo, otro reflexivo, otro de inspiración y otro de creatividad, pero luego viene el momento de defender tu proyecto.

La vida tiene ritmos, se expande y se contrae; si fuera por mí, me mantendría permanentemente contraída. Me encanta el público, pero en el fondo soy muy tímida, prefiero mis pijamas a las cámaras de televisión, para hablar públicamente tengo que hacer un gran esfuerzo, pero la práctica hace la perfección.

Recuerdo una de mis primeras entrevistas, era en CNN con el querido Ismael Cala. Ese día, la persona que iba a entrevistarse después, para suerte mía, nunca llegó y terminé hablando por espacio de una hora completa, lo que fue una gran bendición. Cuando llegué a mi casa, en vez de sentarme a ver la entrevista, literalmente me metí en la cama y me arropé de pies a cabeza, cual avestruz.

—Avísenme cuando termine —murmuraba entre las sábanas.

Ismael es un entrevistador inteligente, respetuoso y amoroso, había leído y comprendía el tema perfectamente. Lo abordó de una manera muy profesional. Ese día, gracias a su entrevista, el libro llegó al primer lugar en Amazon de todas las categorías en español, algo bastante difícil de lograr. Luego se quedó entre los primeros puestos por varias semanas.

Al continuar en la promoción del libro me di cuenta de que estar expuesta al público es un gran privilegio, aunque a la vez tiene un alto precio. Cuando el tema es Dios, no siempre es bienvenido, la mayor parte de las veces está prohibido decir la palabra Dios por miedo a ofender. Esto escala cuando el tema es Jesús. Hay un solo Dios, pero no hay manera de hablar de Dios sin que alguien se ofenda, especialmente en este tiempo. En una ciudad en particular, me encontré con una gran resistencia cuando comencé una charla hablando sobre Dios. La mayor parte del grupo era agnóstico. En ese momento no lo sabía, luego me enteré de que la iglesia les había dejado graves heridas; lamentablemente, esto sucede a menudo cuando la política y los gobiernos se mezclan con la religión.

—Iré mejor preparada la próxima vez —le dije a mi editor—. Sé cómo hablar a un ateo perfectamente, hasta lo comprendo.

En esa ocasión, al hacer la oración al final de la charla para conectarnos a Dios, una chica joven como mi hija se levantó sin más y se fue del salón. Era mi primera charla en esa ciudad, sentí una tristeza tan grande que al salir de la actividad no paré de llorar. Jay no tuvo más remedio que tomarme de la mano y como una niña llevarme a la primera sala de cine para distraerme, con la mala suerte de que la película resultó ser trágica, así que no funcionó. Al final, las ventas del libro terminaron mejor de lo que pensé, así y todo no podía quitarme a la niña de la cabeza, era como una oveja perdida, pero realmente fue su parecido a mi hija lo que me afectó. Desde ese momento aprendí que mi mensaje es dar sin esperar a cambio, una vez más, tenía que aprender la lección de los budistas sobre el desapego; es una arrogancia pensar que nos toca salvar al mundo. A la semana recibí un email de esa cadena de librerías, mi libro había llegado al número uno en la ciudad.

Ahora cuando hablo de Dios comienzo con una exención de responsabilidad:

—Voy a hablar sobre Dios, pero no es necesariamente del que ustedes conocen.

Luego les digo:

—Un momento, el Dios de quien hablo no es el mismo que te hizo miserable en el colegio cuando eras pequeño o que tu gobierno utilizó para justificar sus injusticias.

Y entonces viene la gran pregunta: «¿Eres espiritual o religiosa?». En ese momento contesto:

—A ver, dice la RAE que religión es un «conjunto de creencias o dogmas acerca de la divinidad». ¿Y espiritual? Dice que es una persona «muy sensible y poco interesada por lo material», así que soy las dos cosas, pero soy más religiosa que espiritual, ya que según la RAE para ser espiritual no es un requisito creer en Dios, y creer en mi Creador no es negociable.

En otra ocasión fui invitada a hablar en Guatemala. No olvidaré una hermosa cena organizada por buenos amigos en la ciudad de Antigua; cuando me desperté en la mañana, el volcán me recibió con su esplendor. En el auditorio había cerca de mil personas en una gran sala, la mayoría eran mujeres. Tengo lindos recuerdos de esta ciudad y su gente, son muy devotos y la charla fue un éxito. Al terminar, cuando estaba cenando con los organizadores, una señora insistía en verme. Jay en ese momento trató de disuadirla, pero sin ningún éxito. Al verla me levanté y fui hacia ella.

—¿En qué la puedo ayudar?

—Quiero decirte que soy una enviada de Dios y hablo con él.

Esto me suena a problemas, pensé.

—Dios se me reveló en tu charla y me dio un mensaje para ti.

En ese momento no sabía si quedarme allí o correr hacia el lado opuesto.

—Tu mensaje es muy bonito, Dios te está utilizando, pero él me dijo que no puedes cambiarle la oración del Padrenuestro, no está contento con eso.

En las charlas acostumbro a decir una versión del Padrenuestro en primera persona, en vez de en tercera como está en la Biblia, además le añado unas palabras para clarificar y sacar a las personas del modo automático de recitarla, en realidad lo hago así todavía. Le expliqué que lo hacía con mucho respeto.

—Muy bien, gracias, le agradezco —le dije—, lo tomaré en cuenta.

—Pero hay algo más. Dios me dijo que iba a hacer una revelación en tu vida y ya no tendrías más duda sobre su existencia. Lo vas a ver...

En ese momento, las palabras de la señora no tenían sentido, así que descarté lo dicho, pero más tarde entendí lo que había vaticinado esta religiosa insistente. Dios tiene su manera de enviar los mensajes.

Los testimonios de vida que llegaban por el libro me sorprendieron, eran personas que regresaban a Dios por el Padrenuestro o simplemente diciendo: «Hágase tu voluntad». En mi propia vida, la novedad era que no había novedad, estaba tan acostumbrada a los altos y bajos de las emociones, que la paz me parecía extraña. En broma decía que necesitaba algo de drama en mi vida, hasta sentía que me hacía falta. Pienso que es por eso que los latinos necesitamos de las novelas, es como azúcar emocional. Los estados emocionales son adictivos, el drama es como una droga y en cierta manera nos acostumbramos a ella.

UNA VENTANA AL CIELO

Los escritores somos transformados por cada libro. Eso me sucedió una vez más en el proceso de escribir *Las 12 promesas del alma*. Luego de los testimonios del primero, mi intención al escribir el segundo libro era hacer un resumen de los principios más importantes para una sanación espiritual, pero al llegar al punto que decía: «Prometo nunca olvidar a quien me envió», me di cuenta de que no estaba tan segura de «sobre quién» era que hablaba. Caí en una nueva crisis con la pregunta y muy pronto regresé a la adolescencia que todo lo cuestiona, solo que esta vez, la adolescente comenzó a cuestionar su propia adolescencia. La misma que antes había retado a la religión tradicional, ahora cuestionaba su propia espiritualidad liberal. Cada libro se comienza con una sola pregunta, recuerdo la del primer libro: «¿Cuál es el secreto de todo?».

En mi segundo libro la pregunta era: «¿A qué Dios hablas?».

Esa pregunta no era nueva, me la hizo por primera vez un amigo que conocía mi evasión natural hacia todo lo que girara alrededor de la palabra «compromiso». En esa ocasión, él quería tratar de convertirme a su religión, pero yo era muy feliz viviendo como un ser universal y sin ataduras dogmáticas. La libertad es algo que valoro más que la seguridad, pero su pregunta me tomó por sorpresa:

—Sharon, imagina que caes en un hueco profundo y sin salida, ¿a quién invocarías si tu vida o la de tu hija corrieran peligro y dependieran de ese ser?[1]

Su interrogatorio fue bastante desconcertante, yo creía en todo, desde el buda hasta Krishna, pero en ese momento no tuve ninguna duda: en un caso de vida o muerte llamaría a Jesucristo, a la Virgen María y a San Miguel Arcángel, por supuesto. Curiosamente, en la vida real llamarme «cristiana» era la definición más lejana posible para describirme teológicamente, más por el rechazo a lo que implica comúnmente que por mis propias creencias. A pesar de estas ser tan diversas, estaba claro a quién llamaría en una emergencia. En ese tiempo, tanto mis amigos evangélicos como los católicos me consideraban un caso perdido de confusión universalista, mejor descrita como una perfecta pagana.

En ese momento me di cuenta de que mi conocimiento sobre el cristianismo no había evolucionado desde mi escuela elemental, o sea, desde cuarto grado. Entonces no era justo escribir sobre otras filosofías y religiones sin saber algo de la propia. Igualmente, aproveché el momento para hacer un repaso de las creencias de las otras religiones que había adoptado. ¿Por dónde comenzar a estudiar sobre el cristianismo? A pesar de decir el Padrenuestro, estaba alejada y me negaba a visitar a los de mi fe católica; entre las teorías de conspiración del *Código Da Vinci*, los evangelios apócrifos, sus escándalos y las comparaciones con la ramera de Babilonia, les tenía muy poca confianza. Tampoco quería la versión protestante, quería ir al origen. ¿Quién tiene la interpretación más fiel a la original?

Curiosamente, la versión más contaminada que alguien pudiera tener del cristianismo era la mía, lo que había leído sobre Jesús lo había aprendido en libros de autores budistas e hinduistas, lo cual no me ayudaba. Eran escritores que trataban de describir la naturaleza de Jesús, pero desde sus versiones del hinduismo o del budismo. No fue hasta más tarde que me di cuenta de que aprender de Jesús desde el punto de vista de un gurú era como aprender del Bhagavad-Gita desde el punto de vista de un pastor o un sacerdote cristiano. Son cosmologías distintas.

Comencé por la pregunta: ¿Dónde se inició el cristianismo? ¿No es una sola iglesia santa, católica, apostólica y romana? Según Hechos 11, la primera vez que se les llamó cristianos a los seguidores de Jesús fue en Antioquía, esto sucedió antes de que Pedro continuara hacia Roma. No muchos saben de los «otros» católicos. La iglesia de oriente y occidente por mil años fue una sola, hasta el cisma del año 1054, cuando el Patriarca de oriente y el Papa de Roma se excomulgaron mutuamente en un conocido altercado eclesiástico. La iglesia católica es una apostólica, pero no es solo romana, tiene una veintena de ritos diferentes, y aunque el más grande es el romano o latino, se trata de una fe bastante diversa en sus ritos. Es complicado. Quería hallar una iglesia que fuera heredera directa de estos primeros cristianos del

Oriente Medio. Encontré una de estas iglesias originales del oriente, pero visitarla...

Damasco está muy lejos, pensé, *desafortunadamente Siria hoy no es un lugar seguro.*

Lo que encontré no lo esperaba, una de las direcciones de la denominación de esta iglesia de oriente decía Miami. Luego miré nuevamente y... no podía creerlo. ¡Era precisamente la iglesia que estaba frente a mi departamento! Una iglesia greco-bizantina. Corrí y me asomé por la ventana. Había visitado esta iglesia anteriormente, pero en mi ignorancia no me había percatado de que no era del rito romano. Lo más cerca que había estado de ella, a pesar de tenerla frente a mi edificio, era cuando le enviaba (desde cincuenta pisos más arriba) mis oraciones. Como quien busca ganar confianza, comencé a visitar la iglesia para escuchar su música, encender mis velas y orar en silencio. Estaba muy confundida, porque a medida que leía y aprendía sobre este cristianismo del oriente, me daba cuenta de que los estudios sobre Jesús que había realizado, tanto en las filosofías modernas como en el catolicismo lleno de culpa que yo recordaba, no tenían congruencia. Por otro lado, en los libros de los gurús y en el Nuevo Pensamiento, Jesús era solo un avatar o un iluminado, sin embargo, para estos cristianos Jesús era Dios mismo, para ellos no estaba en una cruz, había resucitado y ya nos había salvado.

Aunque no comprendía la Santísima Trinidad, anhelaba sentir esa fe, esa certeza de su identidad que tienen los que no dudan. Entonces, una tarde me paré frente a la ventana de mi departamento, miré hacia la iglesia y le dije a Jesús, como una niña desafiante: «Si tú de verdad eres Dios, entonces muéstramelo sin lugar a dudas, revélame tu identidad, porque no puedo entenderlo».[2] No fue tanto un reto como una demostración de frustración.

Dos semanas más tarde llegué al capítulo que escribía en mi libro sobre la integridad y que hablaba sobre la confesión. Nunca había hecho una. Me propuse hacerla, pero me quedaba claro que solo como investigación; en algún lado había leído que la confesión era un tipo de exorcismo, cortando lazos con nuestros errores. Antes me repetía que no la necesitaba, además me negaba a ir a un oscuro cubículo con una cortina cuadriculada a decir mis intimidades a un perfecto desconocido con sus propias imperfecciones y falta de experiencia en la vida. Yo era muy creyente y respetuosa de Dios, solo que prefería una relación directa con él, sin necesidad de intermediarios.

Una señora muy devota me sugirió que hiciera la confesión en esa iglesia del oriente, me aseguró que era especial y que valía la pena la experiencia. Un día me explicó cómo se hacía la confesión en ese rito, que es diferente al católico-romano, y hasta me acompañó. Dios utiliza a las personas menos esperadas para traernos un mensaje, algunos piensan que si alguien no tiene conexiones sociales en la vida, no puede ayudarnos, pero nos olvidamos de que existen personas que por su sinceridad pueden tener más conexiones con Dios que cualquier religioso, no hay nadie tan humilde que no tenga algo que darnos.

La confesión bizantina ocurre frente al altar de la iglesia, y mirando a un ícono de Jesús. Las iglesias orientales no tienen estatuas, solo tienen íconos, que son pinturas tradicionales. Cuando comenzó la confesión frente al altar de la iglesia, estábamos totalmente expuestos, libres de cortinas y divisiones visuales. Traté de hablarle al sacerdote que estaba parado muy cerca de mí, pero en ese momento y muy delicadamente me dirigió a que le hablara directamente al ícono de Jesús. Una cosa es decir tus transgresiones a un sacerdote, y otra es hacerla mirando a los ojos de Jesús.

Antes de entrar a la iglesia a hacer la confesión no podía recordar ninguna falta, esto no es raro partiendo de mi mezcla de creencias, que aseguraba que no podíamos cometer errores, que ni el mal ni el pecado existen y que todo lo hecho está en «perfecto orden», según decía mi antigua filosofía. La manera de manejar el pasado era negando su realidad, porque no importa lo que hagas, no hay manera de escaparte; el karma —esa temible ley de causa y efecto— de todos modos te alcanzará y te las cobrará en esta vida o en la otra. Entonces, ¿para qué pedir perdón?

En ese momento solo recordé haber hecho llorar a mi abuela cuando era adolescente, pero luego me ocurrió algo muy extraño que solo puedo definir como una experiencia que sigue siendo un gran misterio. En medio de la confesión, sentí un golpe en el pecho justo en el corazón, como si el mismo Jesús me hubiera flechado, era físico, sentí como si el tiempo se hubiera parado y la presencia de Jesús estuviera allí. No tuve visiones, salvo interiormente, era una ola del pasado, como si me hubieran mostrado la película instantánea de cada falta que había cometido. No me sentí juzgada, al contrario, de este Jesús solo sentía una gran compasión, un inmenso e indescriptible amor. En cambio yo, en medio de una gran vergüenza, sentía como si antes hubiera abandonado a un amigo, a quien también le había faltado. El aborto en mi juventud que pensaba que había olvidado salió a la luz y en ese momento pude ver perfectamente la falta cometida, no era culpa, sino un profundo abrir los ojos y un gran darse cuenta. Cometemos las faltas en un momento de inconciencia, pero una vez despiertos y arrepentidos, no podemos continuar culpándonos por una elección tomada antes de tener la madurez de ver las consecuencias de nuestras acciones, y por otro lado, es sanador al fin dejar ir cargas que ni sabemos que llevamos a cuestas. Sentía el cargo de conciencia, pero al mismo tiempo podía ver cómo el fuego de su amor me había perdonado. En ese instante entendí perfectamente el verdadero significado de la palabra arrepentimiento (cambio de dirección) y por qué es tan importante al menos abrirse a la oportunidad de admitir los errores y pedir perdón. No por negar las faltas se desaparecen, siguen allí corroyéndonos interiormente. Este fue el final de la técnica de la negación en mi vida. También me di cuenta de que a veces la habilidad de ver las faltas es un regalo que el mismo Dios te da, porque si no puedes verlas, ¿cómo pedir perdón por lo que no se puede ver? Hay que dar el primer paso, pero una vez que lo das, recibes ayuda para darte cuenta. El perdón es inmediato, la culpa se fue, se terminó la lección; en el contexto del cristianismo, aunque existen consecuencias por nuestras faltas, no existe el karma ni el ojo por ojo, solo el perdón de Dios. ¡Era libre!

Lo más impactante de la experiencia fue ese reconocer especial de la identidad divina de Jesús, él al final era mucho más grande que la versión que había aprendido anteriormente, era la viva expresión del mismo Dios. Ahora comprendía ese cambio de corazón que tantos expresan y que yo había juzgado como fanatismo. Entre sollozos, alegría y vergüenza, sentí que mis rodillas se doblaban solas en reverencia, no era «temor de Dios», sino un profundo respeto que no sentirías por el rey más importante.

En ese momento el sacerdote me cubrió con su estola y me bendijo, colocando un gran crucifijo sobre mi cabeza. Luego repetimos internamente una oración para el perdón que recomiendo hacer a cualquier persona que quiera comenzar de nuevo: «Por estos y por todas mis faltas, incluyendo las que no recuerdo, sinceramente lo siento mucho, y prometo con la ayuda de Dios, enmendar y corregir mi vida. Por esta razón, humildemente te pido mi Dios, la absolución».

En este rito el sacerdote repite las palabras de Jesús: «Tus pecados te son perdonados».[3] Nada puede evitar el perdón de Dios salvo nosotros mismos si primero no somos capaces de aceptar su perdón y perdonarnos.

Sobre los íconos, más tarde me enteré de que en la iglesia bizantina no son un arte común. Su pintura conlleva un proceso especializado de meditación y ayuno de cuarenta días por parte de los artistas, quienes son fieles a la tradición de San Lucas, el evangelista, según su antigua historia el primer artista iconográfico. El ícono representa la imagen transfigurada de Jesús, María y los santos. En otras palabras, para ellos no es un cuadro común, sino una ventana al cielo; tal como un ícono en una computadora te lleva a un espacio definido, igual para ellos mirar el ícono sagrado te lleva a trascender a la dimensión del cielo para tener una experiencia con Jesús, por ejemplo. Esta información no la supe hasta mucho tiempo después de haber tenido la experiencia, pero lo explicaba todo. La sensación en el corazón se me quedó un tiempo, suspiraba a menudo. Trataba de explicar a algunas de mis amistades lo que me había sucedido, pero realmente sentía que me juzgaban como otra fanática convertida que dice «haber nacido de nuevo», otros quizás pensaban que me había contagiado con algún virus.

¿Cuál era mi nueva definición? ¿Una católica ortodoxa nacida de nuevo?

—¡Vaya! Qué bueno por ti —me decían mis amigas Nueva Era e inmediatamente cambiaban el tema con una sonrisa artificial de beneplácito.

Un día no muy lejano, me encontré con una antigua amiga que conocía mi trayecto de variedad espiritual. Cuando me preguntó qué había de nuevo y le expliqué sobre el cristianismo, me dijo sin pudor: «Parece mentira que luego de tantos caminos filosóficos inteligentes hayas terminado en el catolicismo». En lindas palabras me había llamado ignorante. En contraste, mis amigos que ya eran devotos cristianos protestantes o católicos, me aseguraban (con algo de condescendencia) que por años habían orado por mi alma para que se salvara. La definición más linda me la dio una amiga judía ortodoxa que vive en Israel.

—Sharon, eso (la sensación en el pecho) fue una circuncisión del corazón —me aseguró, haciendo alusión a las palabras de Deuteronomio 10 sobre cambios profundos internos.[4]

La palabra conversión en griego es *metanoia*, y más que arrepentimiento significa un cambio de corazón. Luego de este primer encuentro con algo divino podemos ver cómo el corazón encendido por la luz de Dios, con el tiempo, comienza a cambiar nuestra mente. Esa pequeña luz en el corazón comienza a alumbrarlo todo. El cambio no necesariamente es inmediato, tampoco quiero presumir de haberme convertido en una candidata para la canonización (estoy muy lejos de eso) ni en alguien especial por lo ocurrido, al contrario, aunque muchas heridas sanaron inmediatamente, sigo con mis desperfectos, muchos que ahora veo con un lente de aumento y otros que, tengo que aceptar, continúan en rebeldía.

Estos cambios no ocurren por el intelecto o por la razón, sino que son el resultado de estar mirando hacia la dirección correcta. Cuando estamos bajo el sol, nos bronceamos no por voluntad, sino porque al exponernos permitimos que sus rayos toquen nuestra piel; si estamos arropados (con duda, distracciones y arrogancia), no recibiremos la luz.[5] Igualmente pasa dentro de nosotros, a Jesús también se le llamaba Emanuel, que significa «Dios con nosotros». Él, junto a nosotros, es el Dios eterno que sana con sus rayos. Si Dios es la luz y si miramos solo hacia su dirección, el resultado será que su reflejo inundará nuestras vidas y lo aclarará todo. Entonces nos daremos cuenta de que nuestra mente comienza a tener pensamientos diferentes. Este cambio ocurre espontáneamente, sin aviso y sin buscarlo; a veces llega como respuesta a un ruego, otras como un relámpago o por la oración de alguien, pero siempre es un regalo de la gracia y de la intención de mirar hacia él. Walt Whitman decía que si mantienes tu cara mirando hacia el sol, las sombras caerán detrás de ti. Es cierto, la luz elimina la oscuridad al llenarla de sí misma.

La transformación es un proceso y no un suceso, no somos perfectos, pero estamos llamados a participar en la perfección de Dios. Nuestro destino es ser como él al permitir que Dios nos vaya purificando poco a poco, iluminados por su amor. Dios es como el fuego, todo lo consume para convertirnos en sí mismo.

Luego de esta experiencia me propuse aprender sobre filosofía y teología del cristianismo del oriente. Encontré un aliado con experiencia que también se dedicaba a formar seminaristas, encima era monje cristiano, pero en su pasado había sido protestante y como dato curioso, igualmente había vivido en la India. Respetaba tanto a los budistas como a los hinduistas, imposible replicar a este bello ser. Fue este *abouna* quien me ayudó en el aprendizaje y en mi transición por las aguas del Ganges para llevarme de regreso al mar de Galilea. Lo hizo sin necesidad de enjuiciar las otras religiones, de otra manera no hubiera podido ser posible nuestra comunicación. Nada como caminar en los pasos de otros para comprender.

Los del occidente nos hemos apropiado del cristianismo, pero su origen no es occidental, sino del Medio Oriente. Pienso que en todas sus formas, el cristianismo tiene algo que mostrar, pero prefería esta versión del oriente sin la carga de la historia medieval, sin el peso de la culpa, con un vocabulario y una narrativa más compasivos, al menos mi maestro lo era. Buscaba explicar a otros lo que había sentido, pero en un nuevo idioma y lejos de la palabra religión y más cerca de un estilo de vida, porque esa fue la intención original de los primeros seguidores de Jesús, pero gracias a un cristianismo forrado de legalismos, no había podido ver su lado místico.

Recordé a la señora religiosa que me había confrontado en Guatemala y que me aseguró que tendría una revelación. ¿Sería posible que esa señora hablara de esta experiencia? Luego del encuentro, pasé una etapa de introspección que coincidió con el lanzamiento de mi segundo libro. Rápidamente pasé un momento de caos, un pequeño terremoto donde se movieron los mismos cimientos de lo que llamaba seguridad. La transformación es como una remodelación, antes de embellecer una casa, primero conlleva desmantelarla y eliminar los escombros. No eran castigos sino regalos, porque fueron consecuencias de varias situaciones reveladas que antes no podía ver. No se puede pintar sobre una pared llena de grietas.

Una experiencia con Dios no necesariamente ocurre frente a una iglesia con un llamado al altar o diciendo las palabras correctas. A veces ocurre cuando alguien te dice unas palabras que te tocan el alma, cuando miras un amanecer, cuando lees sobre una verdad que resuena, o cuando tienes alguna experiencia en la vida que por medio de la humildad te invite a rendirte, ya sea por voluntad propia o porque no hay otro remedio. La conversión es entregar y a la vez despertar, para que por medio de una nueva perspectiva puedas mirar todo con nuevos ojos, porque la trasformación no es superficial, sino que ocurre desde el interior.

Luego de la experiencia con Jesús, comencé a visitar algunas iglesias, incluyendo católicas y protestantes, buscaba perspectivas de varios grupos y denominaciones, desde conservadores hasta carismáticos; de todos aprendí. Algunos de estos grupos son muy devotos y disciplinados, pero muy pronto me di cuenta de que varios, al excluir a todos los demás, no hablaban del mismo Jesús que yo conocí. Tristemente, muy pronto caí en cuenta que a menudo no era fácil hablar de la experiencia de Dios sin terminar perdidos en laberintos sin salida de fundamentalismo, dogmas y doctrinas. La culpa, el fanatismo, el infierno, la exclusividad y el castigo no eran parte de mi experiencia. Igualmente, encontré otros que se relacionaban con la religión por el poder, la política y la ventaja. Por otro lado, no era tan fácil encajar en el contexto cristiano clásico con mi equipaje del pasado, mientras ellos hablaban de tener un solo matrimonio y abundantes hijos, yo era todo lo opuesto, cargaba con muchos matrimonios y un solo hijo. No es que hoy no lo hubiera querido, pero aunque en la vida todo puede perdonarse, existen consecuencias que ya no pueden repararse.

Tampoco es que niegue el arrepentimiento ni las consecuencias de nuestros actos, ni el mal, sino que el enfoque de la fe debe estar en las buenas noticias de su resurrección, no en el miedo. Esta manera de promover a Dios era como evitar la guerra y promover la paz por medio del aumento de nuestros armamentos.

Estudiar sobre nuestro origen y destino desde el punto de vista del perdón era la perspectiva que me faltaba sobre Jesús y sobre Dios. Las nuevas lecciones estaban basadas en una relación de participación y de sinergia con él, no en el miedo o la culpa. También aprecié que sus doctrinas no se centran en la condenación eterna,[6] aprendí que si hay un infierno es porque lo elegimos, pero el cerrojo de sus puertas está por dentro. Nos condenamos y nos esclavizamos nosotros mismos, pero la puerta hacia Dios siempre está abierta. Mi Dios no podía ser menos compasivo.

Fue de esta manera que las antiguas lecciones de mi fe, pero presentadas desde la misericordia, colmaron la sed intelectual y filosófica que había tratado de saciar en tantas otras filosofías; al fin el cristianismo tenía sentido. La tradición, la devoción y el perdón me ganaron con su belleza y me llevaron a una nueva comprensión del porqué de nuestra existencia.

UNA VIDA, MUCHOS DIOSES

Existen dioses que se repiten en los mitos de cada cultura, desde la mitología celta, griega y romana, hasta los incas, los aztecas y los africanos. Todos han tenido sus versiones de estos dioses de la naturaleza, pero hoy sabemos que en el mundo espiritual existen diferentes formas y no todos son ángeles del bien, así que no siempre es prudente invocarlos. En el Caribe tenemos nuestra propia versión de la diosa Yemayá, la misma que invoqué un día de experimentación al lanzarme en las aguas del mar para despojarme; es una de estas diosas de la naturaleza que son adoradas. Deidades de varias culturas están representadas en el arte místico de tales culturas, algunas de formas hermosas, otras de manera grotesca. Los paganos y varias culturas tribales mantenían felices a sus dioses por medio de sacrificios, que incluían desde los corazones humanos de sus hijos hasta frutas, cobre y veneración; de esta manera aseguraban una buena cosecha y evitaban, según las supersticiones, que la ira de los dioses los exterminara por medio de un terremoto o una plaga. La misma Biblia cuenta muchas de estas historias. Esta mentalidad de sacrificios, favoritismo, castigo y apaciguamiento de un dios emocional es atribuida equivocadamente hasta a nuestro propio Dios en el Antiguo Testamento, lo que puede explicar que muchos escribas hayan contaminado al Dios verdadero con esa manera de relacionarse con sus antiguos dioses paganos, que según sus supersticiones eran temperamentales, castigadores y exigían sacrificios. Este no es mi Dios. Nuestro Padre no envió a su Hijo a fin de sacrificarlo para sí mismo y calmar su propia ira, todo lo contrario, Jesús es un regalo para salvarnos a nosotros. Él le llamaba Abba a Dios, un nombre personal para alguien muy familiar. «Abba, Padre, para ti todas las cosas son posibles...» (Marcos 14.36, BL).

Un día me di cuenta que tenía demasiados dioses, había creado una burocracia sideral, así que me propuse romper con todos y simplificar mi vida espiritual al quedarme con un solo Dios; en la redada se fueron diosas y elefantes. Traté de hacer lo mismo con mi hija cuando le pedí que botara sus imágenes, al final negoció sus cuarzos y un amuleto. Ella no entendía qué le había sucedido a su mamá: antes tenía un gurú y amaba al Dalai Lama, y ahora había cambiado su mala por el rosario.

No se puede negar que el panorama de la fe moderna está en medio de un gran cambio; en Estados Unidos, el número de adultos que se identifican a sí mismos con una religión organizada va en descenso. La filiación de cristianos en sí misma está reduciéndose. Este giro incluye tanto a grupos de católicos como protestantes. Curiosamente, el número mayor de aumentos ocurre en grupos que no están afiliados a ninguna religión. Aquellos que dicen no pertenecer a «ninguna religión en particular» o a «nada» ahora constituyen el grupo de más crecimiento; los ateos y agnósticos de ese grupo son un alto porcentaje. El crecimiento también se debe a los muchos jóvenes milenios que se declaran como no afiliados a ninguna religión. No creer en nada en particular (un grupo al que se le llama *nones* en inglés), no significa que la gente haya dejado de creer en algo, no todos son ateos o científicos. Al contrario, cada vez existen más personas que se llaman a sí mismas espirituales. Entre las razones por las que no están identificados con alguna religión, muchos mencionan la desilusión por los abusos en la iglesia, algunos aseguran que la religión es un negocio y existen otros que no están de acuerdo con las doctrinas de exclusión sobre la homosexualidad. Los nuevos milenios fueron a la universidad y ahora creen en la evolución. Más personas dicen que prefieren una relación personal con su Creador, sin necesidad de intermediarios.[7]

El nuevo ateísmo científico es la nueva religión, está de moda entre las universidades y los intelectuales, que también atrapan a los milenios. Sus presentaciones tratan de desintegrar con la ciencia y el intelecto la supuesta ignorancia de la religión organizada, pero de la misma manera que no todos los cristianos son iguales, los ateos tampoco. Tal como preguntamos: «¿En qué Dios crees?» y «¿Cuál es tu denominación?», a cada ateo habría que preguntarle: «¿En qué Dios dices no creer?». Porque si el ateo dice no creer en un Dios castigador y temperamental, con planes de fulminar el planeta, pues yo tampoco. He conocido ateos que tienen más amor y sentido común que cualquier religioso.

Lamentablemente, muchos ateos no pueden olvidar las veces que en el pasado el nombre de Dios fue secuestrado por religiones, gobiernos e imperios para justificar sus propias causas egoístas, pero tampoco pueden aceptar la maldad de los movimientos ateos que igualmente han cometido actos barbáricos contra la humanidad en nombre del poder, el racismo y el totalitarismo. *El problema no es Dios ni la religión, el problema somos los seres humanos*. Penosamente, la mayoría de estos nuevos ateos colocan a todos los creyentes en la misma caja con el sello de «fanático, ignorante e intolerante», pero no es así... necesariamente.

Dice C. S. Lewis que los ateos son más intolerantes que los cristianos, pues al menos los cristianos (algunos) dejan la posibilidad a los demás de tener otras creencias. No así el nuevo ateo, para él solo hay una creencia y una posibilidad: no creer en nada. No creer es una creencia. Mi instructor de tenis, quien era ateo, me recordaba que no es tan fácil convencer a un ateo. Nuestra clase de tenis más que un deporte era una competencia de quién convertiría al otro a su creencia. Un día me dijo, con su incomprensible acento australiano y su conocido humor:

—Sharon, la posibilidad de que me conviertas en cristiano es tan remota como la de que yo te convierta en una campeona de tenis en Wimbledon.

Estaba leyendo algunos escritos de Sam Harris, un neurocientífico y filósofo, comparado por algunos cristianos con uno de los «cuatro jinetes del Apocalipsis»;[8] quería conocer sus argumentos de la posición atea. Leí con curiosidad sus historias de descubrimiento con varios gurús de meditación. En cierta manera, me sentí identificada con su búsqueda, no es un ateo común, ha caminado por varios senderos de meditación del oriente. Sam menciona una meditación budista conocida como la Vipassana.[9] Trata de separar la teología budista de la meditación, pero creo que esto sería como separar el cristianismo del rosario, el hinduismo del yoga o la melodía de una flauta. El propósito de la meditación budista, al creer que todo es ilusión, es salir precisamente de ella, y al no creer que tenemos alma, sus prácticas buscan eliminar el *yo*. La diferencia es que el cristiano que medita no lo hace solo, sino con ayuda, por medio una relación con su Creador que es personal.

Thomas Merton, el monje trapense cristiano, junto al padre Keating, igualmente fueron influenciados por sus conversaciones con místicos de Asia. Aprovechando la moda del oriente, buscaron una manera de revivir las prácticas cristianas de los monasterios. El *centering prayer* o la oración centrante nació como un método que los católicos practican; la diferencia es que la meditación cristiana está «centrada» en Jesús.

He adoptado una práctica del cristianismo de oriente que es tan simple como repetir las palabras de la oración de Jesús: «Señor Jesucristo, ten piedad de mí...»; se hace en el espíritu de San Pablo de orar sin cesar (1 Tesalonicenses 5.17), y alrededor de las cuentas, a veces repito el Padrenuestro hasta dormirme. Los católicos del oriente hacen esta oración alrededor de un «kombuskini» (del griego), que es un collar de cuentas de lana que tiene la ventaja de no hacer ruido; es similar a un rosario que colocan en su mano, solo que termina con una cruz. Yo, personalmente, mezclo las oraciones del rosario con las oraciones de Jesús.

Al final no somos tan diferentes, interiormente buscamos y sabemos cómo saciarnos. Si fuimos creados a imagen y semejanza de Dios, el propósito es que la imagen que ya tenemos sea más semejante a él. En la iglesia común, por lo general no se promueve la meditación para experimentar a Dios, pero algunos cristianos católicos y hasta protestantes han comenzado a incorporar la contemplación con el fin de tener una relación con Dios. Igualmente, San Francisco de Asís, Santa Clara, San Juan de la Cruz, Santa Teresa de Jesús y varios místicos cristianos se atrevieron a ir más allá del silencio para encontrar a Dios.

Aunque sin duda el *mindfulness* tiene grandes beneficios, por lo general no tiene a Dios en la ecuación, sin embargo, fácilmente puede elevarse a una disciplina cristiana con tan solo añadir la intención de relacionarnos con Dios de una manera personal, por ejemplo caminando conscientes de su presencia.

El silencio en la vida es importante, igualmente necesitamos las pausas. Una composición musical no es posible sin sus silencios. Escuchando la composición de *Las cuatro estaciones* de Vivaldi, te das cuenta que la pausa es la que nos prepara para un cambio de dirección en la música, igual pasa en la vida.

Después de recorrer tantos caminos, conocer sobre Jesús me ha dado un nuevo sentido de tener tierra firme bajo mis pies, un camino de regreso a casa. Jesús ha sido un gran descubrimiento, uno que tuve demasiado cerca para apreciarlo.

La religiosidad cristiana no es estática ni tiene que ser negativa, pues en la medida que crecemos vamos descubriendo progresivamente nuevas facetas de este diamante junto a nuevas formas de expresar la belleza de nuestra propia fe. Tampoco se trata de ser cínico y caer en la relatividad a nuestro antojo para justificarnos cuando violamos nuestros propios códigos morales.

Tenemos que aceptar que cuestionar no es rebelión. Hemos sido víctimas de falsas creencias que van desde la esclavitud, la exclusividad del camino al cielo, la supremacía de razas, la inferioridad de la mujer y la demonización de la sexualidad hasta la condenación eterna.

Un monje cristiano me mostró una cara de Dios más compasiva, explicándome que los mejores diálogos ecuménicos y hasta interreligiosos no suceden con los teólogos en las universidades, sino junto a monjes en los monasterios. Los que practican las disciplinas monásticas de varias denominaciones están enfrascados mayormente en la contemplación solitaria, y la experiencia que nace de la meditación tiene mucho más en común que las palabras. Los teólogos, en cambio, usualmente se enfocan en las diferencias y refutan hasta las experiencias. No hablo de la relatividad, la distancia de la tierra a otra galaxia debe tener una sola respuesta, pero desde nuestra perspectiva, aunque tengamos buenas intenciones de acertar, quizás unos se acerquen más a la respuesta correcta que otros. La mayoría no somos malos, sino estamos limitados.

Como dice el profesor y filósofo anglicano de la Universidad de Oxford, Keith Ward: «Los cristianos necesitan estar más alertas del sectarismo, la intolerancia y la arrogancia en su fe».[10] Debemos cuidarnos de la agresividad hacia el que es diferente, no podemos demostrar amor por medio del odio. Jesús dice en el Evangelio de Juan: «Si alguien afirma: "Yo amo a Dios", pero odia a su hermano, es un mentiroso; pues el que no ama a su hermano, a quien ha visto, no puede amar a Dios, a quien no ha visto».[11]

La gente no ha perdido la fe, pero ha perdido la paciencia con las descripciones fatalistas de Dios. La búsqueda de nuevas narrativas para expresar el cristianismo de una manera más compasiva ha dado pie a éxitos masivos como el caso de la película *The Shack* [La cabaña], derivada de la novela de su mismo nombre,[12] en la cual se cuestiona por medio de una tragedia familiar la fe, el perdón, el mal y la voluntad de Dios. En solo unos años esta novela ha vendido más de diez millones de copias. Es suficiente para prestarle atención a lo que su mensaje ha despertado en las masas. Si un humano le perdona lo imperdonable a un hijo, qué no perdonará Dios que ama más que nosotros. ¿Sería ese Dios que es omnipotente y misericordioso capaz de permitir nuestra condenación eterna? Tenemos libre albedrío, sin embargo, ¿amamos más que Dios? Creo en una reconciliación con él. Muchos caminos que tomamos no nos llevan a ninguna parte, pero sé y confío en que Dios, a pesar de nuestra terquedad, hará todo lo divinamente posible por encontrarnos a mitad de camino, donde estemos y como estemos.

La vida se vive de acuerdo a como pensamos sobre la muerte. Lo más importante es que la religión saludable busca fomentar una relación entre el Creador y su creación, entre el creado y lo increado, por medio de su Espíritu. Mientras que el fanatismo busca división y exclusividad, el amor busca una unión con los otros humanos, porque en el fondo solo podemos unirnos por medio de ese Espíritu que tenemos en común con nuestro Creador. No puede haber separación de Dios, porque él todo lo sostiene. Al final la mejor descripción de Dios es un silencio repleto de asombro. La solución no es reducir a Dios a su mínima expresión, sino elevarnos a nuestra máxima expresión al imitarlo.

Después de este encuentro con Jesús, la pregunta era cómo le hablaría a mi hija sobre Dios. Llevar a un bebé a bautizar es una delicia, pero llevar a una adolescente rebelde a que le mojen el cabello frente a una congregación no es un paseo. Cuando me di cuenta de la importancia del bautismo, traté de explicarle por qué aquella bendición del Dalai Lama ya no era suficiente. Mi hija y yo, por suerte, hemos tenido buena comunicación y ella me tiene confianza, así que luego de comenzar su aprendizaje y hablar con el sacerdote capuchino que había conocido años antes, comenzamos el proceso de tomar las clases necesarias. Como ya no era bebé, tuvo que hacer el rito frente a la iglesia y leer el credo en voz alta. Aprendiendo con los cristianos del oriente, veo cómo tiene más sentido hacer este rito cuando se es consciente y no cuando se es un bebé. De las pocas cosas que cambiaría del pasado, sin lugar a dudas una hubiera sido su formación religiosa, ya que me hubiera gustado llevarla a la iglesia desde pequeña. Por otro lado, quizás fue mejor que tuviera varios matices de experiencias. A veces los niños formados en un sistema cuadrado, o se rebelan de adolescentes o crecen sin comprender que existen personas inteligentes en otras culturas que siguen otra religión. A pesar de esto, no estoy de acuerdo en dejar al azar la espiritualidad de nuestros hijos. ¿Cómo tener paz si no encomendamos a nuestros hijos a Dios, a un Dios personal? ¿Cuántas veces orar es lo único que podemos hacer por ellos? Nunca es tarde, tampoco para los adultos; no se trata de perfección, sino de reflexión. Dios siempre nos dará más oportunidades para redimirnos, amar

a nuestros hijos incondicionalmente y darles el mayor regalo. Más que la carrera profesional, es necesario recordarles
que amen a Dios, tal como Dios nos ha amado a nosotros; de
hecho, la maternidad será lo más cercano que estaremos de
recordar cuánto y cómo nos ama Dios. El día de las madres
no son regalos lo que buscamos, sino la tranquilidad de saber
que no importa lo que suceda, nuestros hijos, aunque no estemos en algún momento, siempre sabrán a Quién buscar para
tener paz. Saber que están en las manos de Dios y tener la
certeza de esta verdad, junto a nuestra oración, es el mejor
regalo para cualquier madre.

Admito que por ignorancia había estado demasiado expuesta espiritualmente, así que luego de ver el bautismo de mi
hija, decidí que necesitaba tomar medidas reparadoras. Quería colocar mi casa espiritual en orden para comenzar una
nueva vida, especialmente luego de todas las iniciaciones con
diferentes religiones, votos, ritos y promesas a hermandades
extrañas en las que había tomado parte; en ese momento quería divorciarme de todo ello. Ya había dado un gran paso con
el bautismo de mi hija, pero faltaba yo. Por eso, un día concluí
que necesitaba contactar a un exorcista; quería asegurarme

de que no quedaran rastros de mis pactos con ninguna práctica del pasado. Para hacerlo, me fui a una iglesia donde nadie me conocía. Ese día llovía torrencialmente. El exorcista designado era un miembro del *Opus Dei*, y la única manera de verlo era en el confesionario.

Llegué temprano a la iglesia, después de mí llegaron al menos veinte personas más a confesarse, la mayoría mujeres. Entré en el confesionario que estaba alumbrado por una luz amarilla tenue, no podía distinguir la cara del padre, aunque antes lo había visto llegar. Su rostro pálido blanco resaltaba sobre su sotana negra larga, era altísimo, muy serio e imponente. Pensé que de solo verlo los demonios saldrían espantados y me reí sola, más por los nervios que por otra cosa. Una vez que el padre carraspeó, de inmediato regresé a la seriedad, y cuando me dio la bendición, mi memoria celular hizo una regresión involuntaria a mis años en el colegio, y mi voz bajó varios decibeles.

—No vengo a confesarme padre.

—¿No? Entonces, ¿qué la trae por aquí?

Le conté cada una de mis aventuras con los espíritus, tantas que no cabrían en el libro; el padre permaneció en silencio, mientras que las señoras que esperaban afuera seguro pensaban que enumeraba a mis amantes.

—¿Ha visto usted apariciones o escuchado voces?

Podía imaginar su cara, yo era un caso perdido. Cortó mis lazos nefastos con el pasado y la casa de las brujas por medio de una oración y me envió a hacer el sacramento de la confirmación, que a mis cincuenta y un años tampoco había hecho;

tenía que poner mi vida espiritual en orden recibiendo los dones del Espíritu Santo, ya que era como estar sin el pasaporte del cielo al día. Ese padre sí me dio una linda lección, me dijo que no me preocupara del pasado, que nada podía tocarme si estaba con Jesús. Al salir unos minutos más tarde del confesionario, con las devotas sentadas a un lado y otro, inicié la marcha de la vergüenza hacia la salida caminando entre ellas a lo largo del pasillo con la cabeza baja, mientras que todas me miraban con curiosidad, como diciendo: «Y yo que pensaba que estaba mal» o «Espero que mi marido no estuviera envuelto».

Hoy puedo reconocer que cada religión tiene una práctica elevada y otra oscura. Realmente me di cuenta de que no sabía la diferencia. Existen deidades, dioses, semidioses, ángeles y espíritus que es mejor no invocar. Lo digo por experiencia.

Una tarde me crucé con el padre conocido de una iglesia, quien me regaló un panfleto sobre la Cuaresma. Ese mismo día me llamaron de un canal y me di cuenta de que, sin planificarlo, mi intervención en la televisión local comenzaba casualmente el mismo Miércoles de Ceniza, que era el principio de la Cuaresma. «¿Quién hace estos planes?», me dije.

Era una gran casualidad que yo tomé como una señal del cielo. No tenía idea de qué diría, pero Dios tenía otros planes. Durante los próximos cuarenta días me desperté a diario a las cinco de la mañana para escribir un mensaje inspirado sobre la Cuaresma, basado en los sucesos del día correspondiente registrados en los Evangelios; miles de personas lo leían diariamente en mis redes sociales desde varios países. Con este ejercicio aprendí que el compromiso de leer algunos pasajes de la Biblia diariamente, en realidad produce una gran diferencia en la fe. Al mismo tiempo seguía escribiendo y aprendiendo sobre este Dios que había encontrado. Igualmente aproveché para estudiar una noche a la semana en los Talleres de Oración y Vida de Ignacio Larrañaga, un sacerdote capuchino franciscano, lo que fue una gran bendición. Con él aprendí sobre la contemplación cristiana junto con el regalo de la entrega, pero a un nivel más profundo, a lo cual él mismo llama la práctica del «abandono». En realidad se trata de una entrega, pero con humildad, paciencia, aceptación y amor. Esto no resulta tan fácil, porque antes de entregar se necesita conocer a un Dios de amor, pues nadie entrega sus anhelos más preciados a un Dios a quien teme.

En ese momento comencé a cuestionarme si el tema de mi nuevo libro, *Las 12 promesas del alma*, necesitaba una nueva editorial. El libro que estaba escribiendo, debido a mi nueva narrativa y por ser más devocional, tenía más relevancia con uno de sus sellos. Fue entonces cuando, gracias a uno de mis distribuidores, recibí un email de la editorial HarperCollins. El libro había sido aceptado. Lo lindo de esta historia es que cuando le conté a Jay sobre la gran noticia, mi amiga que por mucho tiempo me acompañó en los viajes de promoción del libro anterior me recordó que unos años antes, mientras caminábamos por las calles de Nueva York, jugando me tomé una foto frente a la sede de HarperCollins cuando pasamos por su edificio. En ese momento era una broma, un sueño ridículo, pero en realidad fue una profecía que se dio sin buscarla. Todavía buscamos rescatar esa foto. Los cuarenta días de sacrificio de la Cuaresma valieron la pena y fueron recompensados.

Encuentros con el pasado

En un último intento por complacer a mi hija regresamos a Puerto Rico. En la medida que mi hija iba creciendo y teniendo la habilidad de expresar sus emociones, me iba percatando más del daño que le había hecho nuestro divorcio y la separación de su familia de Puerto Rico. Recuerdo que tuvimos la oportunidad de regresar de visita a mi última casa. Cuando llegamos, la casa vacía tenía un olor peculiar a humedad mezclado con un pasado que nos llenaba de nostalgia; mi casa ideal de pronto era más pequeña e imperfecta de lo que la imaginaba en el recuerdo. Sucede lo mismo con las memorias, les colocamos relleno artificial y las hacemos más grandes de la cuenta. «No puedo regresar aquí», me decía, ya no era la misma, yo había crecido; ni siquiera me parecía a la mujer que había vivido allí. Muchos comentaban que hasta lucía más joven, pero no era el físico, sino la libertad de por muchos años ser yo misma.

Varios árboles se habían muerto. Me contaba el jardinero, tan querido, que cuando nos mudamos murieron sin aviso. Carlitos todavía sigue siendo el jardinero de la casa, un seguidor de Dios; todavía me escribe y hasta me envía fotos de las flores de aquellas plantas que habíamos sembrado juntos. La casa, al fin, fue comprada por otra familia, solo me queda de ella una lámpara muy antigua que algún día colocaré en alguna casa de playa.

A veces no estamos de acuerdo con el lugar en donde nos encontramos, a veces ni siquiera estamos contentos con la persona con quien estamos. La mayor parte de las veces esto sucede porque idealizamos el pasado. Si te vas de un lugar, aunque lo añores, cuando regresas ya no vuelves como la misma persona. Las experiencias vividas provocan que veas las cosas de manera diferente, a veces lo que esperas encontrar choca con la realidad. Las grandes expectativas de mi hija al regresar a lo que era su antiguo hogar en Puerto Rico no se colmaron, al contrario, su mundo había cambiado, sus hermanos habían crecido, su papá se había casado. Al menos yo tenía la paz de haberle brindado la oportunidad que me había pedido. El tema de Puerto Rico y la ilusión de vivir allí no volvieron a mencionarse. A veces vivimos con un ideal en nuestra mente, pero la ilusión y la realidad no coinciden. El pasado necesita dejarse allí en el pasado, muchos vivimos en el presente, pero mirando por el retrovisor de la vida. No podemos admirar el paisaje del presente mirando hacia el camino que ya hemos recorrido, además por estar distraídos podemos impactar cualquier basurero. El pasado solo luce mejor mientras lo idealizamos, pero es un falso ideal. Es mejor vivir plenamente un presente imperfecto que un pasado o un futuro imaginarios.

Una de las mejores maestras sobre el presente que he conocido se llama Julieta. La conocí hace una década, cuando llegué a Miami con mi mamá, luego del infame episodio de su arresto civil en Puerto Rico. En ese momento yo todavía vivía en la isla, pero en contra de la lógica trasladé a mi mamá a Miami, buscando la manera de brindarle un buen lugar, tranquilidad y seguridad en sus últimos años de vida. El tema de la mudanza era delicado, porque mi mamá estaba físicamente joven a sus setenta años, pero tenía demencia. Tampoco quería encerrarla en un lugar inhóspito, y no podía dejarla sola en una casa. Julieta, quien trabajaba para una compañía que cuidaba ancianos, fue la única persona que tuvo la paciencia de acompañar a mi mamá día a día en esos momentos de transición en que me insultaba a diario. Un día mi mamá, en medio de su demencia, llamó desde el nuevo lugar a la policía y me acusó de haberla raptado; con el tiempo tuve que incapacitarla legalmente, lo cual fue un gran drama, porque no había perdido la capacidad neoyorquina de convencer a cualquiera con sus cuentos y argumentos.

Conseguimos un lugar perfecto para mi mamá, donde podía disfrutar de una independencia artificial. Contaba con su propio apartamento y una libertad limitada, pero al menos tenía la dignidad intacta, estaba limpia, arreglada, alimentada y segura. Lo menos que imaginaba en el momento en que la llevé a Miami era que por el divorcio terminaría mudándome allí con mi hija. Ese impulso de llevarla a Miami en el momento no tenía sentido, pero resultó profético. A veces necesitamos escuchar al corazón por encima de los sentidos y la lógica.

Julieta es de las pocas personas que conozco que son el optimismo personificado, siempre está llena de humor y positivismo. Un día le pregunté de dónde había aprendido su forma tan positiva de ver la vida. Me contó que un día tuvo un encuentro con unos misioneros de La Iglesia de Jesucristo de los Santos de los Últimos Días (LDS, por sus siglas en inglés), mejor conocidos como la religión de los mormones. Dijo que por seis meses estos misioneros la habían visitado todos los sábados para darle lecciones sobre la vida después de la muerte. Aunque esta iglesia tiene una teología distinta a la cristiandad clásica, porque por ejemplo no creen en la Trinidad, ellos se consideran seguidores de Jesús y lo reconocen como su Salvador, son muy devotos y le dan importancia al servicio. A los seis meses de esto, Julieta recibió una noticia que nadie quisiera recibir: un policía llegó a su puerta para anunciarle que su hija de dieciocho años había muerto en un accidente.

No es difícil concluir que Dios utilizó a estos miembros de la iglesia LDS para preparar el camino hacia este terrible día. Julieta asegura que sin la ayuda de ellos y esas lecciones sobre la muerte, no hubiera podido superar dicho momento. En ese tiempo de tristeza incalculable, los miembros de la iglesia se desvivieron por ella, limpiando su casa, cocinando y acompañándola; en fin, Jesús encontró la manera de ayudarla cuando ni ella misma podía ayudarse.

Hoy en día, Julieta es un manojo de alegría y agradecimiento para todo el que la conoce, y nunca la he visto lamentándose o deprimida. No puedo explicarles lo que me río con ella. Una de las lecciones que repite es que si no podemos cambiar el pasado, entonces para qué perder el valioso tiempo del presente tratando de arreglarlo. Siempre me dice que necesitamos vivir y agradecer el presente, porque nunca sabemos cuándo será el último día. En su caso, esto no es una filosofía de palabras, sino una lección aprendida por la experiencia de la vida. Hoy tiene dos hijos mayores, bellos nietos y una hermosa familia. Y lo más importante, Julieta tiene paz y tiene a Dios.

Había cumplido la mayoría de mis sueños, pero faltaba uno que no había sido capaz de lograr. Nunca había visto a mi padre, aunque verlo tenía un gran precio que no estaba segura de poder pagar: *el perdón*. Jamás dejé de soñar con tener un encuentro personal con mi padre, a quien nunca conocí; desde que tengo uso de razón le pedí a Dios todos los días que me concediera ese deseo. Resistimos mucho los retos de nuestras vidas, sin darnos cuenta de que son ellos precisamente los que tienen la capacidad de llevarnos de regreso a casa. Resultaba curioso que, a pesar de tener todos los medios, ese encuentro por alguna razón era un imposible. Las cartas nunca llegaban, las llamadas no eran correspondidas, mis hermanos no me respondían, y las puertas que toqué no fueron abiertas. Uno de los últimos intentos sucedió al quedar embarazada. Sabía dónde vivía y un día llegué con mi esposo hasta su casa, en otro estado. Temblorosa toqué a su puerta. En mi distorsionada ilusión quería creer en la posibilidad de que mi hija podría conocer a su abuelo al nacer. Mi esposo estaba en el auto, nadie respondía, pero en el preciso momento en que me volteé para tratar de llamarlo por la puerta lateral, salió un hombre que yo no vi. Cuando apareció, mi esposo rápidamente me avisó llamándome por mi nombre.

—Sharon, es tu papá.

Mi papá conocía mi nombre muy bien, pero al escucharlo cerró la puerta; sentí el golpe del portazo en mi corazón. Recuerdo una bandada de aves blancas que volaron por encima de su casa en ese momento, llevándose en sus alas mi gran desilusión al cielo. Me fui con el corazón roto. Cuando no es la hora, nada puede mover ni la luna ni el sol. En cincuenta años no hubo práctica de visualización que me trajera el anhelo, pues cuando las cosas no están por ocurrir, cuando no es el momento, simplemente no suceden.

Ahora, finalmente, me había rendido y había cambiado mi estrategia. Fiel a mi nueva práctica de entrega a Jesús, me arrodillé una vez más y le hablé a Dios. Ya había aprendido que las mejores batallas se pelean de rodillas. Esta oración no fue con fe ni humildad, y tengo que aceptar que estaba muy molesta con Dios.

—Muy bien, tú ganas, si es tu voluntad que no conozca a mi padre terrenal en mi vida, pues acepto. Seguro tendrás tus razones, además, qué mejor padre que tú, el Dios de todo este universo.

En mis sueños siempre esperaba que ese encuentro se diera mientras corría a sus brazos en cámara lenta como les sucede a los enamorados en la playa, tal como lo describía en las cartas que guardaba celosamente y que él mismo le había escrito a mi abuela cuando yo apenas tenía un año. El tiempo de Dios es el tiempo de Dios y es perfecto.

Habían pasado unos quince años desde ese último fallido encuentro y ya me había dado por vencida, prueba de que la fe no es necesaria para un milagro. Un día me encontré con una amiga y su papá, enterándome de que él era un investigador privado. «Yo voy a encontrar a tu papá», me dijo, y con esas palabras proféticas salimos de viaje. Al llegar a la ciudad donde se suponía que vivía, ya no estaba en la casa que conocí. Luego seguimos hacia un centro de ancianos, pero no tenían a nadie con ese nombre; sin embargo, al último momento, la enfermera me llamó para decirme que había otro hogar de ancianos cerca. No sabíamos exactamente dónde estaba el lugar, pero algo dentro de mí comenzó a dar instrucciones: «Por aquí, dobla allá... es aquí». El nuevo lugar era más acogedor, y al preguntar por su nombre, la enfermera asintió. Al saberlo cerca, mis rodillas no podían moverse, comencé a sudar.

El encuentro no sucedió exactamente de la forma que imaginé. En el centro de ancianos tuvieron que engañar a su esposa, que estaba en ese momento con él, para que se quedara solo. Mi mamá siempre la culpó por evitar nuestros encuentros, pero hoy no estoy tan segura de que ella haya sido la única culpable. Lo encontré en una silla de ruedas enfermo, ya no se parecía a la foto que guardaba de él. Los empleados del lugar estaban emocionados, y en ese momento nos dejaron solos. No podía creer que al fin...

Temblorosa, con ternura y timidez, le dije:

—Soy Sharon. ¿Sabes quién soy?

Él no tenía duda.

—Sí, claro —me contestó emocionado en inglés.

Estaba sorprendido, y a diferencia de mi mamá, todavía su mente parecía estar sana. Me senté con él al pie de una chimenea. Se encontraba en un centro de buena calidad, y yo estaba feliz de que estuviera tan bien atendido. Antes me preguntaba cómo hubiera sido mi vida si me hubiera criado con él, pero en ese momento no me interesaba hacerle reproches, ni saber sobre su familia, ni siquiera intenté preguntarle por qué no me había buscado. Esa tarde solo quería saber cuál era su música favorita, su comida preferida, si teníamos algo en común. Así que tuvimos el siguiente diálogo en inglés:

—¿Te gusta Frank Sinatra? —le pregunté.

—Sí, así es.

—¿Te gusta la mantequilla de cacahuate y la mermelada?

—Son mis favoritas —me respondió—. Y también me gusta el arroz con pollo.

—¡A mí también! —le dije, emocionada.

Esta simple conversación era más terapéutica que cualquier aclaración del pasado. Siempre me sentí muy diferente, muy sola. ¿Seguro que yo tenía todos sus genes?, me decía. Le pregunté por mis abuelos, él era alemán y ella irlandesa, la razón de mi apellido.

Lo traté con amor, le aseguré que no tenía rencor en mi corazón, que no me debía absolutamente nada. Mi papá, como si estuviera en una cita prohibida de su pasado con mi mamá, se mostraba muy nervioso de que su esposa se enterara de que yo estaba allí. Aproveché para contarle algunos de mis logros, estaba bien económicamente, había tenido negocios, una hija, un esposo, un libro, más que todo tenía a Dios.

—No me debes nada, no me hace falta nada —le dije.

Nunca olvidaré sus palabras:

—Sí te debo.

—No, no me debes nada —lo interrumpí de nuevo.

—Sí, sí te debo... Te debo mi amor —insistió él.

En ese momento rompió en un llanto sin lágrimas que no salía de sus ojos, sino de lo profundo de su pecho. Yo también lloré.

Nunca es tarde, pensé. Me fui del lugar como si me hubieran quitado un gran peso de encima. Pero luego, unos meses más tarde, traté de regresar y la gerente del lugar me dijo que no fuera, que mi papá no quería verme. La gerente me trató fríamente, como si yo fuera una mala hija, de esas ovejas negras de la familia. Quién sabe qué le dijeron de mí. Le aclaré:

—No le he hecho nada, al contrario, nunca me buscó y soy su hija. ¡Jamás lo conocí!

Me había tocado una herida, lo que prueba que el perdón es algo que, con la ayuda de Dios, necesitamos practicar diariamente.

Hubo un silencio.

Ese sentimiento de que no tengo derecho no es nuevo, sino que lo había experimentado antes muchas veces. Hoy en día, ya no tengo los deseos de verlo, pero tampoco me queda rencor, pienso que el perdón no es justificar las acciones de otra persona ni pretender restaurar una relación, sino realmente tomar una decisión de dejar ir partes de nuestra vida que no tienen remedio y elegir cambiar la ilusión por la realidad.

Entonces le di las gracias a mi recién encontrado Padre del cielo. Mi relación más larga, más profunda y más sincera en esta tierra ha sido y será mi relación con Dios, mi verdadero Padre. AMÉN.

Mi mamá y mi papá, aunque lejos, sin saberlo terminaron en el mismo estado de la Florida. El amor no tiene tiempo y la mente no tiene edad. El cuerpo de mi mamá fue perdiendo fuerza y con el tiempo terminó en una silla de ruedas como mi papá. Sin embargo, a pesar de que su mente tiene grandes lapsos que oscilan entre la agresividad, el buen humor y la claridad, encuentro que por primera vez en su vida mi mamá es feliz. Quizás sea porque el regalo más grande de perder la memoria es no recordar el dolor. La mente es un misterio, pero más allá de las memorias reside nuestro ser, aquel que nunca cambia, ese testigo silencioso de nuestra vida que vive por siempre, que no opina, que solo ve lo que sucede mientras escucha al locutor de la mente. Somos tres, uno que habla, otro que escucha y otro que archiva.

En el caso de mi mamá, su maquinaria física tiene un corto circuito, repitiendo la misma pregunta sin cesar como si fuera una vitrola dañada. Cuando alguien pierde la mente, se dice que ha perdido la razón, pero mi mamá la mayor parte de las veces razona muy bien. Ha tenido sus momentos, pero la buena noticia es que todavía me recuerda. ¿Cómo será perder la mente sabiendo que la estás perdiendo? Porque a veces en sus momentos de lucidez, pareciera que lo sabe.

Hace poco me dijo:

—Sharon, ¿qué rayos me pasó?

Mientras miraba a su alrededor, como si hubiera despertado de un sueño, preguntó:

—¿Cómo llegué aquí?

Luego, me miró confundida, pero con el humor que no ha perdido.

—¿Sharon, dónde carajos estoy?

A pesar de esto, como toda hija, siempre necesito a mi mamá. Algunas personas me dicen que ella no me entiende, pero no estoy de acuerdo. A veces está clara como el agua. En su demencia senil puede darme los mejores consejos, que no provienen de su intelecto, sino de algún lugar que no tiene filtros mentales. A pesar de que su cerebro tiene conexiones que no siempre se encuentran entre sí, estoy segura de que llegan del amor.

Uno de esos días de claridad se encontraba en su silla de ruedas mientras me daba consejos con una actitud de madre a hija.

—Tienes que valorarte.

Nunca es tarde, considerando que por años trató de convencerme de lo contrario. Ese día se escuchaba música de los cincuenta en su habitación, de pronto su mirada se fue lejos y comenzó a cantar en inglés la canción que estaba sonando. Se la sabía perfectamente.

—Es *Chances Are*, de Johnny Mathis —me dijo con una sonrisa pícara, como si recordara sus amores.

Escuché la música y efectivamente, su memoria la recordaba y la tarareaba con todas sus letras. La música es un lenguaje que no está limitado por el tiempo. Adoro los temas de los cincuenta, la música de los American Standards es muy optimista y sana. En ese momento comencé a tararearla con ella, mientras le tomaba la mano como bailando, nos reímos un poco.

—Estás más loca que yo, te van a dejar aquí —me dijo riendo, mientras yo seguía bailando.

A veces necesito a mi mamá, aunque no sea perfecta.

El lema: *Si tu Padre es el primer amor, te visitará varias veces,* me perseguía. Buscamos recrear situaciones en los dramas de nuestras relaciones presentes para tratar de absolver los conflictos del pasado. En vez de relaciones «karmáticas» de una vida anterior, yo les llamo relaciones cíclicas, porque con el pasado de nuestras vidas presentes ya tenemos suficiente. En ese tiempo sentía que estaba colocando mi vida en orden, situaciones que no comprendía comenzaron a ser reveladas de maneras sorprendentes. Una tarde de verano en Puerto Rico, me encontré con una vieja amiga que me mencionó que mi segundo esposo, Guillermo, el que me llevaba veinte años y con quien había vivido en la isla de Saint Thomas, estaba muy enfermo y paralizado debido a varios derrames. No lo veía desde hacía dos décadas, desde aquella noche que se fue y que por poco me cuesta la vida. Al comentarle a mi amiga mi interés en verlo, de inmediato se ofreció a acompañarme. Ella y su esposo habían sido una pareja de amigos inseparables, y cuando estaba casada con Guillermo incluso hicimos varios viajes juntos.

Una noche, mientras iba de camino hacia el pueblo donde había nacido, sentí una gran nostalgia al recordar ese gran amor.

—Cómo ha pasado el tiempo, al menos treinta años desde aquel momento en que no pude lograr que se quedara conmigo —le comenté a mi amiga.

También recordé cuánto sufrí. Suspiré al pensar que por poco muero por él.

Al entrar en la casa, me llevaron a la habitación donde se encontraba Guillermo; estaba postrado en una cama al cuidado de su hija, quien abnegadamente vive dedicada a cuidarlo. Mi corazón latía muy rápido; aunque estaba totalmente inmóvil, todavía quedaba algo de su físico del pasado. Recordé su cara, sus ojos y su pelo lacio. Se me volcó el corazón. Le acaricié la frente.

«¿Dónde estás Guillermo?», me pregunté interiormente, mientras miraba sus ojos, que permanecían alertas pero lejos a la vez.

Ya no tenía la barba con la que lo había conocido y sus ojos eran la única comunicación con su alma, pues su cuerpo no podía responder, pero yo sentía que a pesar de su inmovilidad podía comprenderlo todo; estaba atrapado como si su alma estuviera dentro de una escafandra. Solo podía mover los ojos, que eran como las ventanas de un alma llena de sentimientos y pensamientos que ya no podía expresar; yo solo podía imaginar lo que sentía, aunque sus ojos lo decían todo. Es increíble lo que podemos decir con la mirada. Al verme reaccionó, me reconoció y le rodó una lágrima por la mejilla. Tomé su mano fría y comenzó a mover el dedo índice como tratando de acariciarme la mano; no paró de moverlo hasta el momento en que me fui. Me miraba y cambiaba la vista con una gran tristeza, como tratando de decirme: «Mira lo que me ha ocurrido». Recuerdo que antes era muy orgulloso y tenía un cuerpo musculoso. Su hija me buscó nuestras fotos.

—Sí, recuerdo este día perfectamente, estábamos en la arena en Anguila, nuestra isla favorita —le dije.

Mientras miraba esos recuerdos que eran testigos de un tiempo que se quedó fijo en el pasado, mi mente se fue muy lejos. Mi amiga lloraba. En la foto, yo estaba muy delgada y él mostraba su bella sonrisa peculiar que hacía que sus ojos se hicieran pequeños. Recordé cuán feliz fui con él, e igualmente fue el mejor padre para sus cinco hijas, por eso ellas lo cuidaban en su casa.

Oré por él y le dejé un rosario mientras trataba de explicarle que a pesar de lo que le había sucedido, Dios lo amaba, no lo había olvidado y lo acompañaba.

—Yo tampoco te he olvidado. Sabes que te amé y te amo mucho —le dije.

El mundo puede cambiar en un momento. De regreso a casa, recordé nuevamente sus palabras: «No soy el hombre para ti, solo soy un obstáculo en tu vida y alguna vez te darás cuenta y me lo agradecerás».

En ese momento lo hubiera dejado todo por él, pero hoy agradecí nuestro tiempo y comprendí la razón por la que no habíamos acabado juntos a pesar de mi insistencia. Cuando nos conocimos, ya él no podía tener más hijos y mi hija tenía que nacer; además, mi vida tomó un giro totalmente distinto, siguiendo el futuro que él veía para mí, pero que ni yo misma podía augurar. Aunque en ese momento no podía entenderlo, hoy puedo ver que al final su adiós fue su mayor regalo.

Un hilo dorado

Una noche recibí la llamada de Debbie, una buena amiga de la infancia, para invitarme a un viaje a la India. En ese tiempo estaba inmersa en mis clases de teología y cristianismo de los primeros padres del desierto, así que un viaje al Oriente Medio hubiera sido más apropiado. Esa noche me desperté varias veces. Quizás era algo que tenía que hacer, me dije. A las tres de la mañana me levanté para buscar en Google la ciudad de Chennai y... nada. Luego traté de nuevo y coloqué la palabra cristianismo al lado de Chennai, y para mi sorpresa pude ver que Santo Tomás, uno de los doce apóstoles de Jesús, había muerto en esa ciudad como mártir y tenía varios lugares de adoración. Ahora mi amiga y su viaje a la India habían captado mi atención; un apóstol en la India es una historia que a mi iglesia se le olvidó contarme. Resultaba mucha casualidad, pues la intención del viaje era preparar un itinerario que siguiera los pasos de Santo Tomás, que es sinónimo de «aquel que duda». Este siempre ha sido un apóstol que ha fascinado tanto a los cristianos como a los gnósticos, era original de Antioquía y fue llamado el gemelo. Tomás era el apóstol que no tenía reservas a la hora de utilizar la razón, y en la Última Cena no dudó en preguntarle a Jesús: «Señor, no sabemos a dónde vas, así que ¿cómo podemos conocer el camino?».[13] También era escéptico y desconfiado. Para creer en la resurrección de Jesús pidió tener confirmación palpable, queriendo tocar con sus propias manos las heridas. Después dijo las bellas palabras: «¡Mi Señor y mi Dios!».[14] Quizás por eso me identifico con este apóstol. Dudar no es una cualidad negativa, tampoco es falta de fe, necesitamos usar la razón y el juicio, Jesús no le reprochó ese derecho. Creer sin investigar no es buena idea. Lo importante para no salirse del camino es no perder la fe, pero mantener los pies en la tierra. Tenía fascinación por saber más de su historia y conocer a cristianos en la India que practicaran el cristianismo de antaño. Así que, luego de hacer mi equipaje para sobrevivir al campamento de verano más extremo, partimos hacia la India. No nos quedaríamos exactamente en hoteles de cinco estrellas tipo resort, ni en ashrams de lujo; teníamos que estar preparadas para todo.

Llegamos a Chennai, capital de Tamil Nadu, una ciudad industrial del sureste de India, que también se conoce como

Madrás. Eran las tres de la mañana, pero juzgando por la actividad más bien parecían las tres de la tarde. Rápidamente, las visiones de meditación, paz y tranquilidad que tenía de la India se esfumaron; la realidad más bien era un gran caos de personas, vacas, tierra, ruido, suciedad, motocicletas, bocinas, olor peculiar y autos despavoridos sin carril asignado. No había orden ni reglas, pero curiosamente, comencé a ver que entre el caos existe una extraña calma que nace en medio de esta colisión de contrariedades. Si es cierto que en sus calles no hay orden, es evidente que tampoco existe la agresividad que vemos en el occidente; en nuestras carreteras es común que por cualquier motivo te saquen el dedo del corazón (y no exactamente por amor). Llegué a la conclusión de que en la India existe armonía porque todos se han puesto de acuerdo para romper las reglas, pero en medio del caos tampoco hay accidentes. Si alguien se atreve a seguir la ley, todo se estanca, porque la India es una confusión de opuestos que fluyen. Después del choque inicial de culturas y de aprender algunos puntos importantes, comencé a apreciar y ver la belleza de la India que se iba revelando poco a poco en los ojos de los niños que nos miraban con una mezcla de inocencia y curiosidad, rostros que a la vez se adornaban sin ningún pudor por medio de una inmensa sonrisa. Era común observar este gran piano de blancos dientes que contrastaba con su piel oscura y hacía que olvidáramos todo lo demás. Una linda lección que aprendimos fue la actitud de jugar, de ser como niños, que es una cualidad que a pesar de la pobreza y la necesidad todavía puede verse en las caras de la gente en la India. A veces estábamos rodeadas por varias personas que nos tocaban y miraban como si hubiéramos llegado de la luna, especialmente en los lugares remotos.

Al llegar a la misa católica en la India, te encuentras con que más bien parece un ashram, pero en vez de haber gurús es presidida por sacerdotes. No hay bancos, las mujeres están sentadas con su arco iris de saris en posición de loto cual yoguis en el suelo, ellas a un lado y los hombres al otro. Entonces, cuando llegó la parte de arrodillarnos en el piso, tratamos de imitar su postura, pero al final terminamos siendo rescatadas por dos sillas. Admiraba la capacidad de los seres humanos para adorar al mismo Dios sin perder sus costumbres. Esto fue más evidente cuando conocimos a las monjitas que en vez de hábitos vestían bellos saris. Una noche nos quedamos con ellas y mientras nos peinaban el cabello nos describieron cómo hacen sus ejercicios de yoga diarios. Cuando les pregunté si usaban mantras como Om, aclararon que eso es en el hinduismo, ellas en vez de mantras utilizan el Ave María, que considerándolo bien se emplea repetido de la misma forma, aunque está dedicado a otro fin. En la misa fuimos recibidas por una gran fiesta de pétalos y canciones. Nos colocaron un punto rojo en la frente que olía a azafrán y una estola de seda como recibimiento. Les dimos las gracias a todos en el podio del altar. Esa noche cenamos con la familia que nos había invitado; la comida vegetariana era una explosión de sabor a coco y curry. La hermana de nuestro anfitrión nos vistió con bellos saris y nos maquilló.

Al otro día partimos hacia el estado de Kerala, un paraíso subtropical que queda al suroeste, donde me sentí como en Puerto Rico. Ese día llovió sin parar. Se trata de una región donde vive la cantidad más grande de cristianos. La arquitectura es impresionante y diferente a las otras ciudades; las casas rodeadas de flora tropical muestran una confluencia árabe, británica y hasta china o balinesa. Es también el lugar de más baja mortalidad infantil y más alta educación en la India. Llegamos para visitar las siete iglesias de Santo Tomás, el apóstol, que entró por Kerala en el año 52 D. C. y murió como mártir por una lanza cuando rezaba en el año 72. Fue enterrado en Mylapore, San Thome, Chennai, India, donde existe una basílica sobre su tumba. El santuario pontificio de Marthoma es un centro de peregrinación importante y se encuentra a orillas del río Periyar, en la villa de Azhikode, Kerala. Se cree que Santo Tomás, el apóstol, desembarcó por sus aguas.

La reliquia de un hueso del brazo derecho de Santo Tomás se encuentra allí y está protegida por una gran bóveda; la misma fue traída desde Ortona, Italia. Tuvimos el gran honor de adorar la reliquia de cerca y en silencio, con la suerte de que su guardián nos invitó a pasar. Cuando abrió la bóveda con una música celestial, nos erizamos y la piel se nos puso como de gallina.

Los católicos en la India están agrupados en tres comunidades: la iglesia latina, la iglesia oriental de rito siro-malabar, y la de rito siro-malancar. Yo me sentía en casa con el rito cristiano oriental y en este viaje ya había hecho las paces con la iglesia católica romana de mi niñez. «Todos los cristianos en India vinculan el comienzo de su iglesia al período apostólico, y en particular a la misión de Santo Tomás. A él se remiten también las iglesias ortodoxas en India».[15] Seguimos hacia otra iglesia en el atardecer, y al llegar el sacerdote de la parroquia nos invitó a hacer un mágico viaje en una barca, navegada por un amigable indio que estaba vestido con una camisa de algodón clásica de un hombre tipo banquero, abotonada al frente, la cual contrastaba con una falda corta sarong amarrada al lado, típica del área; la mayoría de los hombres de esta área visten así. Al cruzar el canal de las aguas traseras en calma de este paraíso subtropical, donde los colores verdes se mezclaban con los tonos amarillo, naranja, rojo y violeta del atardecer, me remonté a dos mil años antes: «¿Cómo pudo Santo Tomás evangelizar en ese tiempo?». Al otro lado vimos una de las iglesias más antiguas de la India, y el sacerdote nos contó sobre las siete cruces bordadas que Santo Tomás trajo consigo. Dice la leyenda que los nativos las habían lanzado al río tratando de deshacerse de ellas, pero milagrosamente subieron a la superficie nuevamente; las cruces sanaban a las personas. Luego vimos una en una iglesia. La India está llena de historias, leyendas y milagros de Tomás y los primeros cristianos, que también se llamaron nazranis o seguidores del que nació en Nazaret.

Cuando miré la cruz de Santo Tomás en la India, me sorprendí al darme cuenta de que es la misma cruz que llevo en mi cadena desde hace unos años. Es una cruz persa, con flores en las puntas, que también la utilizan los bizantinos y otros católicos del oriente. La flor significa vida y frutos. La cruz que usaban las primeras iglesias allí era igual, pero estaba sobre una flor de loto y tenía una paloma mostrando al Espíritu Santo, lo cual apunta hacia la doctrina de la Trinidad desde el principio. Santo Tomás también llevó pinturas de la Virgen sentada con Jesús, son íconos que según la tradición fueron pintados por el apóstol San Lucas; el arte era muy similar a los utilizados en las iglesias del oriente. Vi una de estas pinturas antiguas en Chennai.

La última noche nos quedamos en un inmenso monasterio salesiano fundado por Juan Bosco Valencia; la dura niñez de este sacerdote italiano lo llevó a fundar más de diecisiete mil centros en ciento cinco países. Estas escuelas no son solo para cristianos, sino también para hindúes de todas las castas y musulmanes, quienes continúan practicando su propia religión. Nos trataron con la más grande amabilidad, cenamos con ellos y luego fuimos a la misa en la mañana. Resultó muy refrescante ver un lugar que brinda educación, deporte y medicina para la comunidad. Los protestantes igualmente han logrado ayudar mucho con sus iniciativas. Según pude ver en India, el cristiano tiene una política de respeto hacia otras religiones. La mayoría de los musulmanes, hindúes y cristianos conviven en paz y tolerancia mutua, sin convertirse los unos a los otros. Mirando el ejemplo de la Madre Teresa de Calcuta se puede ver que la conversión no es el motivo principal de estos servicios. A partir de las conversaciones con mis amigos hindúes y con varias personas en este viaje, quedó muy claro que tratar de evangelizar a un hindú no siempre es la mejor idea, pues en algunos estados tienen leyes de anticonversión. Pude darme cuenta de que muchos de ellos en su inocencia están más cerca de Dios que algunos de nosotros.

Un problema en la India es la creencia en el sistema de castas; aunque no es legal y ya no debe haber intocables, pude ver que dicha creencia heredada del karma está arraigada en el subconsciente y la mentalidad de muchos. Tuve acaloradas discusiones sobre el tema de por qué un niño pobre no es fruto del karma ni de su bajo nivel de evolución de conciencia, sino un resultado de la falta de una oportunidad en la vida.

Cuando comencé a escribir este libro, especialmente en la parte del Om, me vi obligada a releer algunos de los antiguos textos sobre la India. Al llegar a leer algunas páginas del *Bhagavad-Gita*, después de estudiar el cristianismo, descubrí que podía valorar el hilo dorado sobre la verdad que nos une. Después de este viaje puedo asegurar que les tengo respeto y una gran admiración. Hoy puedo apreciar su belleza sin prejuicios y valorar otro lenguaje para describir a Dios desde otra perspectiva. No se puede negar que las diferentes civilizaciones tratan de expresar conceptos similares sobre Dios y la creación. Muchos de sus versos y poesías revelan hermosas descripciones de Dios en un lenguaje pintoresco y profundo. Sucede algo similar con la comida, pues cada país tiene su propio lenguaje del paladar; tenemos los mismos ingredientes, pero ellos cocinan diferente, colocan otras especias y las combinan de maneras impensables, de acuerdo con su cultura.

Mi encuentro con el infierno en la India no sucedió hasta que llegué a Nueva Delhi, cuando gracias a un parásito o una ameba diabólica no tuve la oportunidad de llegar a ver el Taj Mahal. Finalmente, fue el Ayurveda, la propia medicina ancestral de la India, la que me salvó, pues cuando ya estaba en Miami recordé lo que me había enseñado un médico hindú años antes, al mostrarme que con unas cuantas semillas de papaya se puede acabar con cualquier parásito; esto funcionó de inmediato. Dios en su flora nos dio el remedio antes que la enfermedad, sin embargo, las compañías han secuestrado los remedios para cobrarnos por ellos. Algo hermoso de la gente en la India es lo conectados que están con los ciclos, la comida y la medicina natural. Las personas más humildes saben perfectamente qué comidas no mezclar y cómo sanar cualquier enfermedad con plantas autóctonas. La «Delhi Belly» es algo así como la contraparte de la maldición de Moctezuma en México.

Algunos aseguran que Jesús vivió muchos años en la India, otros dicen que en el Tíbet; esto no es probable, y ya perdí la cuenta de cuántas culturas y filosofías se han apoderado del mito de su tumba y de la presencia allí de Jesús durante sus años perdidos. Pensar que encontraría mi propia fe cristiana en la India resulta contraintuitivo. Al preguntarle a un sacerdote siro-malabar, uno de los guardianes de Santo Tomás, sobre qué tiene la India para brindarle al cristianismo, me respondió que sin ninguna duda la fe transmitida por Santo Tomás directamente a sus generaciones es única y de las más antiguas, porque es la herencia directa de quien colocó su dedo en las propias heridas del cuerpo resucitado de Jesús. Traje esa fe de regreso en mi corazón, junto a mi amor y admiración por este hermoso país lleno de cultura, filosofía y bondad.

Al final fue este viaje a la India lo que nuevamente me llevó a la fe por medio de la unión del OM con el AMÉN.

CUARTA PARTE

Después del
Amén

Después del
Amén

La mayoría de las historias de las diferentes religiones cuentan de un momento en que estábamos en perfecta comunión con Dios y de otro cuando nos separamos, algo que seguramente hicimos por orgullo, que no es otra cosa que ignorancia. Casi todos estamos de acuerdo en cuanto a las acciones que nos acercan a Dios y las que nos alejan. El deseo, las ataduras y la identificación con las cosas de este mundo perecedero son temas que se repiten en casi todas las religiones, desde la budista hasta la cristiana. *Necesitamos aprender a dominar nuestro deseo*, y aunque estas parecen palabras del buda, constituyen una de las instrucciones que nos fueron dadas por Dios en Génesis, después de nuestra caída.[1]

El teísta a veces limita a Dios y el panteísta a veces lo generaliza, pero se necesita aceptar que la experiencia y la relación con Dios no son exclusivas de un grupo o un país. No se puede monopolizar la luz. Como el sol, Dios ilumina con sus rayos a todos por igual. ¿Cómo descubrir su calor? No importa en qué parte del mundo ni en qué momento del tiempo nos encontremos, descubriremos que existe una historia que apunta hacia la experiencia que la humanidad ha tenido con Dios y su amor. Sobre el tema de Dios, al igual que en el amor, hasta que no se tiene la experiencia, tampoco podemos entender de qué se trata.

Por muchos años despersonalicé a Dios, pero encuentro que si quitamos su cara, que es la propia, ¿cómo podemos reconocernos? Cuando decimos que perdemos la integridad, significa que hemos perdido el reflejo total del rostro del mismo Dios. Mirar hacia él nos restaura. Somos un espejo que para mostrar la imagen correcta necesita tener la cara verdadera enfrente para reflejarnos en ella; separarnos es perder la imagen, y perder su imagen es perder el camino.

Miremos la naturaleza, Dios es belleza, está en su Palabra, está en cada atardecer, en cada gota de agua, en cada lágrima y cada pétalo de la flor más pequeña; su espíritu vuela por debajo del valle y por encima de la cúspide de la montaña más alta. Por ese motivo necesitamos ser guardianes de nuestra Tierra, que tanto castigo recibe por nuestros excesos e inconciencia. Lo mismo que organiza el universo y vive en mí, también puede dirigir mi viaje. Es un universo interminable y pareciera que somos el resultado de un juego de dados, pero la vida no es casualidad, Dios hizo el cálculo perfecto y nuestros cabellos están contados, ya que matemáticamente existimos gracias a su perfección. Si hubiera fallado por una sola milésima, nuestro mundo no fuera apto para los seres humanos, así que deduzco que debe habernos amado mucho a fin de que esta pequeña canica azul que es nuestro mundo tuviera las condiciones perfectas para la vida en medio de un universo donde no es tan probable que existamos. Estamos en sus manos.

Si Dios hizo todo bueno y está en nosotros, debemos tener bondad, belleza, amor y paz, aquí y ahora. Ya tendremos nuestros momentos de pérdida, mientras tanto necesitamos compartir con la humanidad nuestra propia alegría, que al final proviene de él.

La palabra salvación en griego es *sozo* y significa regresar a nuestra integridad, a la totalidad, a la plenitud, a lo que éramos en un principio, a lo que somos, a nuestra autenticidad, a lo que con Dios seremos en la eternidad.

Ciertamente, no debemos sentirnos interminablemente culpables por los errores de nuestros ancestros, pero sí estamos llamados a tomar mejores decisiones. Si bien es cierto que hemos nacido con algunas desventajas y algunas predisposiciones para fallar en lo que respecta al discernimiento, no todo está perdido, tenemos un compás del bien y del mal integrado dentro de nosotros, lo que nos falta es la humildad para pedir la ayuda de Dios a fin de calibrarlo. A veces, por orgullo o miedo, se nos olvida pedir su asistencia, no podemos comprender cómo nos suceden las cosas que no queremos y por qué nos suceden las que tememos, pero es más feliz aquel que tiene fe que el que necesita todas las explicaciones.

La evidencia exterior nos muestra que no siempre actuamos como seres divinos, pero muchas definiciones no nos llevan a Dios, sino que nos mantienen lejos de él, con los pies en el fango de la culpa.

La madurez se alcanza cuando el balance de los extremos de nuestras etapas de búsqueda llega a su término medio. He luchado con las opiniones teológicas sobre nuestra naturaleza, que van desde la depravada hasta la divina; he viajado desde las creencias equivocadas de Calvino de la total corrupción humana hasta la culpa heredada de Agustín. Sin duda hubo una desobediencia, una separación, un cerrar de ojos que afecta nuestra capacidad de ver y hacer el bien, pero ese acto de rebeldía, como dice la ortodoxia, no es una «mancha física».[2] Más bien significa que luego de la separación, tuvimos consecuencias: nacimos en un mundo donde es «fácil hacer el mal y difícil hacer el bien». Heredamos una condición ancestral, pero Dios no puede maldecir. En el paraíso, perder el Edén fue más una salida que un castigo; en ese momento Dios nos protegió de algo peor, según Génesis, del error eterno.

Esa tendencia heredada de estar lejos de Dios es como un copo de nieve que se ha ido incrementando con cada una de nuestras elecciones alejadas del bien, hasta convertirse en una imparable avalancha de error y dolor. Al ser partes del mismo cuerpo, heredamos las consecuencias y las tendencias, pero no la culpa. La buena noticia es que nos caemos solos, pero nos levantamos juntos. Si nos alejamos diciendo no a la voluntad de Dios, nos acercamos diciendo sí a su voluntad.

Me preguntaba: ¿Cuál es la diferencia entre conciencia y culpa? ¿No es la culpa necesaria? ¿No es el carecer de culpa un síntoma de ser un sociópata? La culpa, el arrepentimiento y el remordimiento son emociones que nos muestran que hay una incongruencia interna; el problema es que a veces sentimos culpa sin tenerla, mientras que otros la tienen porque alguien equivocadamente se las adjudicó para mantenerlos en sumisión y pagando por siempre una deuda que no tienen. El temor de Dios no es miedo, sino un profundo respeto, más que respeto una gran humildad; nadie puede amar a quien se teme y nadie puede ir con una falta a un padre que lo castigue.

La culpa que no es saludable es utilizada como un arma punzante hacia nosotros mismos, está basada en una percepción falsa, y solo busca su propio castigo. Si conociéramos el don de Dios, decía Jesús, si supiéramos quién es él y cuánto nos ama... La conciencia tocada por Dios busca resolución, reconciliación, perdón y sanación. Esta ocurre cuando regresamos a Dios en humildad. Una falta que no se ha aceptado, que permanece en la negación, sin que hagamos un esfuerzo por buscar perdón, se convierte en sufrimiento y angustia interior.

Dios no busca castigo. Juan declara: «Donde hay amor no hay miedo. Al contrario, el amor perfecto echa fuera el miedo, pues el miedo supone el castigo. Por eso, si alguien tiene miedo, es que no ha llegado a amar perfectamente».[3]

Dios es compasivo, con seguridad él comprende lo difícil que es caminar en la cuerda floja del bien y del mal. Si los ángeles, estando cerca de Dios, cayeron antes de la creación, y si nuestros ancestros, estando en comunicación directa con Dios, igualmente cayeron, qué puede esperarse de nosotros, nacidos en un mundo que ya estaba caído y en perfecta desventaja.

Las opiniones del extremo opuesto, que afirman que ya somos perfectos, tampoco nos ayudan. Esto no quiere decir que no busquemos «ser perfectos, como Dios es perfecto», pues somos su imagen. Como decía Gregorio de Nisa, la perfección de la naturaleza humana radica en nuestro crecimiento en el bien. Cuando estamos perdidos en el mar, su Palabra es la señal que nos alumbra tal como un faro de luz para mostrarnos el camino de regreso a nuestro curso original.[4] La lección es reconocer nuestra vulnerabilidad, pero emancipada por la inocencia y no por nuestra total concupiscencia. Un Dios bueno y misericordioso nos acepta con todas nuestras imperfecciones y caídas.

Como cuenta Jesús en la parábola del Hijo Pródigo que llegó vencido, solo necesitamos regresar:

Su padre lo vio y sintió compasión por él, y corrió, se echó sobre su cuello y lo besó. Y el hijo le dijo: «Padre, he pecado contra el cielo y ante ti; ya no soy digno de ser llamado hijo tuyo. Pero el padre dijo a sus siervos: «Pronto; traigan la mejor ropa y vístanlo; pónganle un anillo en su mano y sandalias en los pies. Traigan el becerro engordado, mátenlo, y comamos y regocijémonos; porque este hijo mío estaba muerto y ha vuelto a la vida; estaba perdido y ha sido hallado.» Y comenzaron a regocijarse.[5]

No hay condición que sea imposible de perdonar siempre que estemos dispuestos a participar junto a Dios de sus tesoros de bondad, amor, compasión y paz. Si podemos ver nuestros errores, ya estamos en ventaja, porque la mayoría no podemos ver cuándo fallamos; solo Dios sabe la diferencia y reconoce nuestra inocencia.

La oración es la gran oportunidad que Dios nos brinda para ayudar a otros. Tanto los vivos como los que están en el cielo siguen orando, es por eso que pedimos al cielo para que nuestras voces en oración se dupliquen.

Abba Zeno, un monje del desierto, decía que para que Dios escuche nuestra oración primero necesitamos comenzar orando por el bien de nuestros enemigos, de esta forma, asegura el monje, Dios escuchará todo pedido que le hagamos después en la oración.[6]

Esa es la ventaja de tener un Dios personal que nos escucha, que nos comprende y, más importante aún, que nos responde, porque al mismo tiempo está dentro y fuera de nosotros. Uno de los grandes secretos es saber esta verdad sobre la naturaleza de Dios, dicha aquí en las palabras de San Pablo: «Porque en él vivimos, y nos movemos, y somos».[7] Si es así, y si todo lo que él es resulta bueno, compasivo, misericordioso y amoroso, entonces lo que debemos hacer es abrir los brazos y recibirlo, tomar su mano y caminar con él, descansar, rendirnos y abandonar la lucha para dejarnos abrazar por su amor.

La verdadera imagen de Dios debe corresponder con la de un ser bueno, muy diferente a la de uno que nos castiga, nos amenaza o nos pone a prueba como monigotes. Dios es todo bondad, pleno y lleno de absoluto amor y perfecta benevolencia; es un Dios personal, pero a la vez sin límites. Luego de recordar las cualidades de Dios, necesitamos estar dispuestos a ser como el girasol e ir volteando todo nuestro ser hacia él en cada momento. No importa lo que ocurra, debemos seguir mirando hacia él. Si el girasol no mirara hacia el sol, sin duda moriría, porque es su única fuente de luz y vida; igual sucede con nosotros. «Acérquense a Dios, y él se acercará a ustedes».[8]

Dios es amor

Dios es amor, pero existe un síndrome colectivo de pensar que no somos suficientes, que debemos temerle al Dios castigador y que nada merecemos. Con razón se nos hace tan difícil entregarle nuestra vida y buscarlo. Existen realidades llenas de sufrimiento y pérdida, es cierto que ocurren situaciones dolorosas, pero no por castigo, sino por la naturaleza inestable del mundo. El miedo al cambio es lo contrario a creer plenamente que si lo permitimos, Dios nos brindará las mejores experiencias para nuestro crecimiento futuro. Por lo general, mientras más cerca estamos de Dios, más armonía experimentamos, porque la mayoría de las cosas desagradables que nos ocurren son consecuencias de nuestra propia falta de discernimiento (consciente o inconscientemente). Lo demás sucede por la inconsciencia de los otros o por la naturaleza cambiante de las cosas.

A veces no se da en el blanco la primera vez, sino que se necesita errar varias veces hasta lograr llegar al camino correcto. De hecho, el verdadero significado de la palabra pecado es fallar en el intento, precisamente quiere decir «no dar en el blanco»; en griego equivale al término *hamartia* y se refiere al deporte del arco y la flecha. Así que de acuerdo con los griegos, a través de mi vida he tenido muy mala puntería. En resumen, la palabra pecado significa no acertar, equivocarnos, pensar o actuar erradamente.

A veces tenemos más fe en el mal que en el bien, y es por eso que muchos esperamos lo peor. Creer en el mal es lo mismo que tener fe, pero en el lugar equivocado: en la duda y en la desesperanza, lo cual resulta en miedo, lo contrario a Dios, que es todo amor. Esto es lo que significa «no dar en el blanco», apuntar y apostar hacia el lugar contrario, hacia el mal y la oscuridad. Una manera filosófica de ver el mal es considerando que ocurre cuando algo bueno se lleva al extremo. La gula es comer demasiado, el apego es amar demasiado, la lujuria es desear demasiado, la angustia es pensar demasiado. El que roba busca su valor en las cosas que obtiene, todo el mal se hace en busca de una satisfacción externa, para llenar el vacío que llevamos por dentro.

En mi libro *Los ciclos del alma* hablo sobre los miedos y su antídoto; de acuerdo con nuestras experiencias, algunos tenemos esos miedos más desarrollados que otros. Son dichos miedos los que sin saberlo nos llevan a elegir el mal. Entre ellos están el miedo a perder la seguridad física, la seguridad emocional, el control, el amor y la aprobación.[9] Haremos cualquier cosa con tal de preservar lo que creemos importante, por esa razón, Dios debe ser lo más importante, ya que es lo único elegido que jamás podremos perder.

¿Cómo se traduce toda esta filosofía casi utópica a mi vida real? Con mucha paciencia y mucha persistencia. La fe es como la confianza, tarda en crecer, pero en un segundo puede desplomarse. Se necesita la humildad de saber que no somos perfectos, la paciencia para levantarnos al caernos, y la persistencia para seguir viviendo con la esperanza de lo que no se puede ver. Necesitamos dejarnos moldear por sus manos y hacernos fuertes por medio de su fuego. «A pesar de todo, SEÑOR, tú eres nuestro Padre; nosotros somos el barro, y tú el alfarero. Todos somos obra de tu mano».[10]

Dios es amor. El verdadero amor es un milagro que ocurre entre dos personas, no tiene definición ni explicación; a veces pensamos que no llega y luego aparece en el momento y de la manera menos esperada, pero para el amor no existen barreras ni limitaciones. Quizás el mayor obstáculo para encontrar el amor es el miedo a perderlo, pero es un riesgo cuyo precio vale la pena pagar para vivirlo.

Resulta lamentable que la búsqueda del amor, las relaciones y la forma de tenerlas, al igual que las religiones, se haya vuelto parte de un menú sofisticado; hay demasiada variedad para escoger a una sola persona, y una vez que se consigue, la misma está sujeta a cómo nos sentimos en el momento, hasta que llega otra con un nuevo aire que la desplace. Ya no es blanco, negro y gris, sino que el gris tiene «cincuenta sombras», una perfecta analogía. Las personas esperan cada vez más para casarse, pero no esperan nada para divorciarse. Mis años me han mostrado que una relación de matrimonio para toda la vida es lo ideal y el eslabón más fuerte de la sociedad.

Es cierto que a veces no es posible estar juntos toda una vida si hay abusos, adicción e infidelidades, pues la seguridad debe ser la prioridad. Sin embargo, algunos dicen que se acaba el amor, pero el amor no se acaba, muere por falta de atención.

El problema común es el pavor a la palabra compromiso, después de tantos fracasos, es un mal que comprendo demasiado bien. La independencia es adictiva y a veces estar en una relación también lo es; desde los catorce años, no recuerdo un momento en que no haya estado casada, comprometida o esperando por algún amor. Necesitaba este paréntesis en mi vida para encontrarme, y la sorpresa que me llevé fue el encuentro con Dios.

Nada nos hace crecer, conocernos y acercarnos más a Dios que el amor, es por eso que Dios nos diseñó con la necesidad de encontrarlo. No es bueno que el hombre (o la mujer) estén solos. ¿Cuál es el propósito de la vida sino el intento de encontrarnos a nosotros mismos, lo cual no podemos hacer cuando estamos aislados? No podemos mirarnos por medio de nuestros propios ojos ni podemos besarnos por medio de nuestros propios labios. La única manera de vernos es a través del reflejo de las pupilas de alguien o de besarnos por medio de los labios de otro. La paradoja es que nadie puede crecer en soledad, pero tampoco puede vivir sin ella. Jamás se debe temer a la soledad, para muchos el costo del miedo a estar solos puede ser demasiado alto. No podemos olvidar que con Dios nunca estamos solos, pero sin él, aunque estemos acompañados, nos sentiremos en desolación.

Somos cuerpo, mente y corazón, y el amor se expresa de diferentes maneras. A veces comienza por el eros: un amor del cuerpo que solo desea para sí, y luego termina en ágape: un amor incontrolable e imparable que nace del corazón, que da de sí mismo y no depende de la reciprocidad. El amor perdura, pero la lujuria se esfuma. Solo el tiempo, por medio de las acciones y las elecciones, puede elevar un momento de pasión a una vida de amor. El amor es una semilla frágil, pero dentro de sí tiene el diseño de una vida y una familia. Esta solo crece si se le presta atención, si es rociada, apreciada y alimentada. El amor es una llama que puede apagarse, pero no una chispa que pueda encenderse a voluntad. Es un misterio que se revela por medio de la constancia. Mi corazón crece cuando reconoce en otra persona las cualidades que a veces ni ella misma puede ver, las cuales son un reflejo de las que llevo por dentro, porque solo se puede reconocer lo que ya somos.

Algunas veces he amado en silencio. El amor a veces es inconveniente. Nos enamoramos más allá de un físico, la sustancia del amor verdadero vive más allá de la retina de los ojos. He aprendido que no todos los amores pueden llevarse a la realidad, algunos a pesar del anhelo, es mejor dejarlos en el corazón, pero sin ocupar el espacio de la posibilidad de amar de nuevo. Vivimos en espíritu, alma y cuerpo, nos enamoramos tres veces. Se puede hacer el amor con el cuerpo, sin embargo, no se puede tener intimidad sin el alma. La intimidad implica dejar ver el interior. Se ama en la compañía y a veces en la separación, pero en el amor jamás estamos ausentes, porque aunque nos encontremos muy lejos, en el amor siempre estamos presentes.

El compromiso es elegir amar a una sola persona entre todas las posibilidades, aunque a veces la persona más difícil de amar somos nosotros mismos. El amor propio es el respeto que nace de tratarnos como una joya irreemplazable en cada momento, y de esta manera lo haremos por los demás, porque el amor jamás se da por sentado, ni subestima el valor del otro. Experimentamos fracasos porque muchos no tuvimos el ejemplo ni sabíamos cómo se sentía cuando alguien nos valoraba y nos colocaba en primer lugar. El riesgo de amar es preferible al riesgo de morir sin la habilidad de sentir.

Vivo en Miami, una ciudad en la que se respira sensualidad, algo que notas en la vestimenta ajustada, la letra de las canciones, los anuncios de cirugías plásticas y los despliegues de la moda. Existe una gran insatisfacción que el sexo no cura, como un virus que se ha hecho inmune a los antibióticos por el exceso y los abusos, cuyas variantes siguen incrementándose y que resulta peor cuando todo esto es normalizado. Es mejor el sacrificio de la santidad que la sensualidad desenfrenada. La lujuria es desear placer sin arriesgar el corazón.

El día que dejamos de amar, dejamos de vivir. Lo opuesto al amor no es el odio, sino la muerte. Cuando no amamos no crecemos. Existe una parte muy alta en el Yunque, un bosque lluvioso tropical en Puerto Rico, que es mi lugar predilecto para hacer caminatas meditadas. En las alturas se encuentra un área que contiene un bosque en miniatura, le llaman el

Bosque Enano, pues la elevación ha provocado que la falta de oxígeno impida el crecimiento de sus árboles, que no pasan de tres metros. Igual sucede en el amor, que es el oxígeno para el corazón. Si no amamos, no crecemos. Dios es amor y es el arquitecto de los latidos, el oxígeno de todo.

Sentir amor por otro nos recuerda el amor de Dios en nuestro propio corazón. El amor es la fuerza más avasalladora que existe en la tierra, incontrolable y fugaz, sentirlo es lo más cercano que tenemos a ver a Dios. ¿Qué tiene que ver Dios con el amor? Somos hechos a su imagen y semejanza, y si Dios es amor, nosotros debemos reflejar ese amor en nuestra vida. Solo conociendo a Dios podemos reconocer el amor puro, solo amando a otro podemos recordar cuánto nos ama Dios. Creo en el amor, me digo una y otra vez. Cuando eliges amar, la decisión hará que el mismo Dios desborde su amor desde tu propio corazón. No puedes ver a una persona realmente a menos que en verdad la ames; de esta manera la amas tanto con sus bellas cualidades, como con sus defectos.

Si no tengo amor, de nada me sirve hablar todos los idiomas del mundo, y hasta el idioma de los ángeles. Si no tengo amor, soy como un pedazo de metal ruidoso; ¡cómo una campana desafinada! Si no tengo amor, de nada me sirve hablar de parte de Dios y conocer sus planes secretos. De nada me sirve que mi confianza en Dios me haga mover montañas.[11]

UN NIDO VACÍO

Cuando miré el calendario, quedé sorprendida al ver que la fecha del lanzamiento de mi nuevo libro coincidía exactamente con el temido día en que mi hija volaría del nido. Era una gran casualidad, exactamente ese mismo día mi hija comenzaba su colegio en Nueva York.

«¿Quién hace estas agendas? ¿Quién planifica mi calendario?», exclamé. Miré al cielo y di las gracias. Dios sabía que con el lanzamiento de un nuevo libro y otro por escribir, estaría tan ocupada que me quedaría muy poco tiempo para lamentarme.

No podía creer que aquella niña que nació en Key West ya tuviera dieciocho años. Luego de empacar cajas, ropas, zapatos, maquillajes y cada cosa necesaria para comenzar otra vida, de pronto pensé que para ella tampoco debía ser fácil dejar su hogar y su niñez. *No nos hemos separado durante dieciocho año*s, pensé. Cada noche sabía que mi hija dormía en la habitación de al lado, sin embargo, en dos días despertaría y ya no estaría en la casa.

¿Qué voy a hacer cuando pase por su cuarto? ¿Cuando no escuche el ruido ensordecedor de su música, a sus amigas y su risa?

Esa noche nos acurrucamos en mi cama junto a nuestros dos gatitos persas, que seguro estaban al tanto, porque no se separaban ni un segundo de nosotras. No podía dormir, constantemente la miraba y la acariciaba mientras dormía. A la mañana siguiente, cuando recogíamos los últimos detalles para partir, le recordé su rosario, le di una medalla de San Benito, y le insistí en repetir el Padrenuestro cada mañana y cada noche.

—Sí, mami —me decía como respuesta automática para todo lo que salía de mi boca—. Ya sé, mamá.

Al llegar al colegio en Nueva York hicimos el trato de no llorar. El camino de regreso fue el más largo de mi vida, las dos horas hacia el aeropuerto me parecieron una eternidad. No lloré, pero cuando llegué a mi casa, me metí en la cama y no paré de sollozar en toda la noche y parte del día siguiente. Creo que se me vaciaron las lágrimas de los ojos y los suspiros del pecho, porque en la mañana me sentí mejor. Como diría Gustavo Adolfo Bécquer: «Los suspiros son aire y van al aire. Las lágrimas son agua y van al mar».

La vida se compone de principios y finales, porque celebramos el comienzo y recordamos el final, pero rara vez apreciamos lo que ocurre en medio del paréntesis. Ahora lo que más extrañaba era precisamente la rutina a la que antes me resistía: levantarme en las mañanas, correr a la escuela, hacer desayuno... acciones que tantas veces realizaba inconsciente y sonámbula. ¡Qué daría por otro día para llevarla a su escuela en la mañana!, me decía. La vida no solo es grandes momentos de alegría, éxito y triunfo, sino el conjunto de los pequeños momentos de rutina vividos en alerta. Hay momentos para reír y hay momentos para llorar, hay momentos para olvidar y hay momentos para recordar. Me lavé la cara y suspiré.

Ahora comprendo los años de adolescencia de mi hija y también puedo entender la mía propia. Ambas tratábamos de encontrarnos, de vernos por medio de nuestras elecciones, que no son otra cosa que los reflejos de nuestros propios deseos y anhelos. No aprendemos por las experiencias ajenas, al final, no hay mejor conocimiento que aquel que se adquiere por medio de nuestras propias caídas.

El tiempo pasó como usualmente lo hace, en silencio y sin darnos cuenta. Ese año lo despedimos con buenos amigos. Era una noche de invierno tropical, y mi amiga había preparado una linda velada que unía a muchos padres con sus hijos. Los más chicos corrían por los pasillos, mientras que nuestros niños, que ya no eran niños, reían y compartían sus vivencias. Como mi hija, los otros chicos se encontraban de regreso de las respectivas ciudades donde se hallaban sus universidades para las vacaciones. Sus rostros estaban casi irreconocibles, mostrando la inminente llegada de un adulto joven. Miraba a mi hija con su porte y se veía muy madura, con un tono de seguridad en su voz que me decía claramente que ya no era la misma niña que se había ido al colegio.

Mientras vivimos con ellos no estamos conscientes de sus cambios. La vida se nos va y no nos damos cuenta de cuán pronto pasa. ¿Cómo vivirías si en vez de un año nuevo, este fuera tu último año de vida? No hay pregunta que coloque nuestras vidas en su debida perspectiva como: ¿Qué haríamos si supiéramos que es el último año de nuestra vida? Si supiéramos que nos queda poco tiempo por vivir, no creo que lo perderíamos mirando nuestro peso ni las imperfecciones, ni cuánto dinero tenemos en el banco, ni cuántos compromisos vanos, vamos a aceptar. Si fuera nuestro último año, querríamos ser auténticos, colocando nuestros asuntos y prioridades en orden, dejando ir lo imposible y viviendo con pasión, haciendo esa visita a nuestros amigos, pidiendo perdón por el mal hecho y otorgándole nuestro perdón al que nos ha faltado. No habría tiempo que perder en rencores, en las redes sociales, en cosas triviales ni en horas de oficina para complacer a algún superior. Utilizaríamos ese tiempo para perdonar, para abandonar lo imposible, para vivir lo posible y amar. Seguro buscaríamos la manera de regresar a estar en comunión con Dios. Daríamos abrazos más fuertes, miraríamos a los ojos y daríamos los besos más largos. Estaríamos más presentes con nuestros seres queridos, mirando lo importante, orando a Dios. Muchas personas que sufren una enfermedad terminal se vuelven a Dios con pasión. ¿Qué harías? La diferencia entre vivir en complacencia o vivir con urgencia no es cuestión de actitud, sino de perspectiva.

Mientras escribo frente a mi ventana en este piso alto, veo cada atardecer con atención, porque cada crepúsculo tengo la dicha de ver el sol cuando se desaparece en el ocaso. Los rayos, curiosamente, brillan más fuerte unos segundos antes de partir, como dejando el último destello del día, que poco a poco va desapareciendo en el ruedo del horizonte. Cuando comienza la partida del sol, puedo contar los segundos y casi puedo escuchar los que pudieran ser sus últimos latidos antes de esconderse sin regreso... siete... seis... cinco... Siempre se va a la hora exacta, ni un segundo más ni uno menos, y cuando se va, ya no puedo hacer nada para que regrese. El último rayo de la tarde se lleva en un segundo un día de mi vida que ya no regresará. Es preferible vivir cada día como si fuera el último atardecer, al final nunca sabremos si efectivamente lo será.

Escuché la historia de un hombre sabio a quien le preguntaron su edad, a lo cual respondió que apenas tenía unos diez años, algo imposible, porque este hombre parecía de ochenta. Luego aclaró que existe una diferencia entre la edad y el tiempo vivido.

—El tiempo que realmente se vive es único —decía—, porque es cuando en realidad estamos despiertos, alerta y con sangre en las venas. Son esos minutos relámpago en que volvemos en nosotros a la vida. Eso solo sucede en esos momentos cuando amamos intensamente, sufrimos fuertemente, tememos por nuestra vida, perdemos algo, agradecemos algo, recibimos algo hermoso, en fin, cuando estamos presentes con todos nuestros sentidos, lo que lamentablemente es una rareza más que lo habitual, porque muchas veces no sucede ni en un diez por ciento de la vida. Puedes reconocerlos porque son esos buenos momentos que terminan muy pronto y también son aquellos malos momentos cuyo tiempo pareciera eterno. Si das un beso, quisieras que el tiempo se detuviera, pero lamentablemente una linda noche pasa en un segundo.

Sin embargo, un momento de miedo e incertidumbre es como el sonido estridente entre dos cubiertos de metal. El tiempo no pasa lo suficientemente rápido para el que sufre, ni es suficientemente largo para el que ama.

Conclusión

Seguramente en algún momento seré juzgada por ser demasiado conservadora, y quizás en otras ocasiones por ser demasiado liberal. No podemos pretender ser la combinación perfecta para todos, pero tampoco podemos esperar que los demás llenen todas nuestras expectativas. Si vivimos tratando de justificarnos, resistiendo o tratando de convencer al que es diferente para que cambie a nuestra manera de pensar, terminaremos exhaustos. La vida requiere aceptación, pero otras veces requiere seguir de largo.

Lo peor en la vida es no ser nosotros mismos por miedo a perder la aceptación de los demás. *Es mejor perder un poco de aprobación exterior que autenticidad interior, pero debemos hacerlo con amor, no hay necesidad de amargarse o amargar a otros.* Imitar a Jesús es lo mejor que podemos hacer, las acciones muestran más que las palabras, pero no es necesario hacerlo para agradarle, pues él ya nos ama sin medida. No importa en qué etapa estemos de nuestro viaje espiritual, es probable que seamos juzgados por los demás o por nosotros mismos, pero Dios jamás nos juzgará.

Mis conclusiones pueden resumirse en vivir apreciando cada momento y cada etapa sin resistirla ni apresurarla, pues nunca existe un momento más importante que el que estamos viviendo. Necesitamos hacer un esfuerzo para evitar precipitarnos y llegar a conclusiones falsas sobre todo lo que nos ocurre en la vida. Demasiadas veces queremos buscar una explicación que tenga sentido para todo, y existe, pero es necesario aceptar que a veces en esta vida no entenderemos todo. Las desilusiones suceden, no porque Dios no nos escucha, sino porque nuestra mente camina demasiado rápido y la realidad no concuerda con la fantasía. Otras veces la realidad resulta mejor de lo que pensamos, pero igual no nos damos cuenta y la juzgamos peor de lo que en verdad es, porque en nuestra mente queremos algo mejor y no apreciamos lo que tenemos. Al final, tanto el optimismo como el pesimismo pueden jugarnos una mala pasada. Nos creemos videntes anticipando y colocando desenlaces falsos que al final solo traen sufrimiento. Es mejor anhelar lo específico, pero a la vez permitir que Dios nos sorprenda con el desenlace ideal. He podido ver que muchas veces el mejor desenlace es precisamente el que no queremos, pero con frecuencia la verdad no se hace evidente hasta que pasa una veintena de años. Necesitamos confiar y necesitamos agradecer.

La vida es como un mar, a veces está lleno de olas y otras está plácido, de nada vale luchar contra él. Hay momentos en que necesitamos surfear sus olas, otras veces nos conviene abrir los brazos y flotar, pero otras, para evitar ser revolcados, lo mejor es zambullirse en ellas. Dios no siempre va a cambiar la marea, pero la oración es la tabla que nos mantiene a flote, tanto en medio del oleaje como en la calma. Agarrados de ella podemos manejar tanto las marejadas altas como las bajas. A veces nos aventuramos sin Dios, pero lo mejor es no soltar la tabla. Seguir orando. Solo un niño va a sufrir toda la vida por un día con demasiadas olas, solo un terco deja de vivir hasta que llegue la calma. Entrar en el mar es un riesgo, pero el mayor riesgo es no entrar y mirar la vida desde el banco de la arena.

Toma tu tabla y camina, diría Jesús, Dios es el fin, pero la oración constituye el medio.

¿Cuál es el secreto de todo? Al final, *Dios es el gran secreto.*
Verónica, la mujer que se sanó con tan solo tocar el manto de Jesús, lo sabía muy bien.

«Tu fe te ha sanado», le dijo Jesús. Llevaba años tratando de curarse. ¿Qué cambió? Tenía fe, pero la valentía de su gesto la aumentó, tomar la iniciativa de alcanzar la divinidad lo cambió todo. La fe no es tanto creer, sino *reconocer.* «Quédense quietos, *reconozcan* que yo soy Dios»,[12] dice un salmo. De alguna manera esa certeza interior del amor inigualable de Dios lo cambia todo, y nunca está de más invocarle:

Dios Padre que de la nada nos has creado, Dios del amor que todo lo consume, Dios omnipresente que estás en todas partes, Dios omnisciente que todo lo sabes, Dios de muchas moradas que habitas en todo lugar, Dios íntimo cuyo reino vive en mi interior, Dios misericordioso que todo lo perdona, Dios benevolente que eres bondadoso, permito que expreses tu más alta voluntad en todas las áreas de mi vida, hoy soy un instrumento de tu amor, con tu luz dame tu imagen para que cada vez sea más semejante a ti.

Mientras estudiaba en Nueva York, una de mis clases favoritas era la apreciación del arte. En ella aprendí que se necesita tiempo para descubrir lo que no está visible a los ojos. Existe una diferencia entre mirar un cuadro y realmente verlo. Lo mismo nos sucede con las personas. En la vida, la mayoría solo mira superficialmente. Por eso cuando nos referimos a la primera impresión de las cosas decimos que las estamos considerando «a simple vista». La definición de «a simple vista» lo dice todo, pues significa: sin fijarse mucho o sin prestar atención. Necesitamos pedir los ojos divinos para poder ver realmente. La primera impresión es usualmente la que llega distorsionada por nuestras definiciones, ya que juzgamos según lo que somos, y somos la suma de lo que hemos experimentado e interpretado. Hacemos lo mismo con las personas, pero nadie puede amar a otro si no puede verlo tal cual es.

Gracias a esa clase de arte descubrí la técnica de pintura llamada puntillismo, popularizada entre otros por Seurat y Van Gogh. El pintor, contrario a colorear por medio de pinceladas con colores mezclados, lo hace por medio de pequeños puntos de color puro, que la retina se encarga de «mezclar» cuando se miran desde la distancia, un fenómeno visual que crea una gama especial de las combinaciones deseadas. Sin embargo, la mezcla de los colores es una ilusión, porque los mismos están separados. Nuestra percepción, igualmente, toma las experiencias, las combina y las percibe a su antojo. Tal como la imagen del cuadro no puede discernirse mirando solo los puntos individuales de color, tampoco podemos comprender los momentos de nuestras vidas cuando los miramos por separado. Simplemente no tienen sentido.

Solo estando lo suficientemente presentes podremos disfrutar la historia del cuadro del ahora. El presente a veces solo tiene sentido cuando se ve desde la perspectiva de un día futuro, porque mientras más cerca estoy del presente, menos claro puedo ver la razón de las cosas. Quizás sea porque el presente empaña la visión de lo que ocurre, como cuando nos colocamos las manos demasiado cerca de los ojos, que ni siquiera podemos ver nuestros dedos. Con respecto a las experiencias que suceden sin una aparente relación entre sí, solo podemos confiar en que el tiempo un día nos revelará la obra completa de la vida, lo que equivaldría a apreciar el cuadro desde la distancia. El pasado siempre se ve más claro cuando la pintura se ha asentado. Existen experiencias en la vida que no podrás comprender hasta ese día en que el tiempo haya levantado el velo del entendimiento.

Nuestras experiencias constituyen los pequeños puntos del mosaico de nuestra vida, las que a su vez convergen con las vidas de otras personas. No nos damos cuenta de que estamos entrelazados, pero sin los colores del otro haciendo juego con los nuestros, seríamos una mera gota de color aislada. Los colores de los demás siempre dan matices a nuestra vida, a veces la oscurecen y a veces la aclaran, pero eternamente hacemos arte.

El ejercicio de sentarme a escribir mi historia y ver el pasado con los ojos del presente ha sido una gran revelación. Lo más importante es sacar cuenta de que aunque la mayoría de las veces no sabía lo que hacía y estuve expuesta a situaciones incómodas y tristes, estas no pueden ser comparadas con los momentos de gracia, amor y providencia con los que mi vida ha sido bendecida y por los que agradezco inmensamente.

Si miramos de cerca la obra más hermosa de Seurat, veremos muchos puntos aislados. Si solo miramos los puntos negros, la pintura no tiene sentido; sin embargo, si un día nos alejamos un poco para ver el cuadro completo, comprobaremos que en la vida sucede tal como en su obra *Tarde de domingo en la isla de la Grande Jatte*. Esos puntos negros son las sombrillas oscuras, su única función es hacer que los demás colores resalten.

Dios nos promete que algún día lo entenderemos todo.

A veces me pregunto: ¿Por qué Dios hace todo tan difícil para encontrarlo? Me gusta la analogía de C. S. Lewis, en la que compara a Dios con Shakespeare[13] como el creador de la obra. Shakespeare puede ver a Hamlet en su obra, pero Hamlet no puede ver a su creador, pues viven en dimensiones tan diferentes que Hamlet jamás sabría de su existencia. Para poder llegar a Hamlet, el creador solo podría entrar en la obra por medio de otro personaje, ya que ambos constituyen dos naturalezas diferentes. Así ocurre en la historia de Dios cuando entra en este mundo para compartir la naturaleza de la humanidad por medio de Jesús, pero sin perder su divinidad. A la misma vez, por un tiempo la divinidad vive limitada por la tiranía de las páginas y los capítulos del libro, con un principio y un fin, lo que en nuestro mundo equivaldría al tiempo y el espacio. Como no pudimos reconocer al autor en nuestro drama, convertimos la buena nueva en tragedia y hasta le quitamos la vida, pero nuestro autor nunca puede morir, y nosotros, mientras él nos recuerde, tampoco moriremos.

¿Cuántas veces sientes que eres rescatado por una mano que entra a tu realidad para reescribir tu historia? Ahora me doy cuenta de que había un Shakespeare inspirando mi historia desde su realidad. Me hubiera ido mejor si le hubiera permitido la libertad de escribir más capítulos de mi vida, pues seguro que sus ideas hubieran sido mejores que las mías. Hoy puedo ver que aunque no podía tocarme, sí podía ver el pasado, el presente y el futuro de mi historia, solo que con él jamás habrá un final. Mi Shakespeare hoy se llama *Jesús* y junto a él seguiré diciendo *amén* por toda la eternidad.

Personalmente, no tengo reparos en decir que creo en Jesús como mi Salvador, aquel que me restaura y que es mi conexión con lo indescriptible. Como la luz del sol, también sé que el amor de Dios llega a todos en el planeta, incluso a aquellos que no sepan sobre él. Los que sabemos del sol podemos apuntar hacia la fuente y anunciar la buena nueva a los demás: «De allí viene la luz, mira hacia él».

Después de navegar por el sube y baja de la marea de las aguas de la adolescencia espiritual y luego de un corto remolino de intolerancia religiosa propulsado por la rigidez dogmática, encontré un centro. Tuve que aceptar que no todo lo que había aprendido en Om tenía que ser descartado y también aprendí que no todo lo que dice Amén tiene que ser aceptado. Existen personas que se apartan de los demás, piensan que acercarse a alguien diferente es una traición a su fe. Todo lo contrario, encontré que es en la unidad y no en el prejuicio y la separación donde se encuentra el verdadero amor. La unidad no significa que estemos de acuerdo ni que nos unifiquemos hasta hacer desaparecer nuestra individualidad mutuamente. El otro extremo es que tampoco podemos perder nuestras convicciones por miedo a expresar nuestras creencias. Es importante discernir y comprender nuestra propia ideología a la vez que aceptamos las diferencias, pero no se puede caminar en una burbuja rechazando al otro simplemente porque se crea que es diferente.

Existe una historia común que entrelaza la mayoría de las religiones que he estudiado, es el hilo dorado que apunta a algunas verdades que todos compartimos y que es hilvanado más allá de nuestras apariencias percibidas. Este constituye la evidencia de que Dios se ha revelado a todos de alguna manera. Hay más de un denominador común entre los seres humanos: el bien, la verdad, el amor, la unidad, la paz, la misericordia, la compasión, el respeto a la vida, la belleza y la justicia. Algunas de las descripciones teológicas del mundo se parecen más a nuestra definición de Dios cuando apuntan a un Dios personal, mientras que otras están más lejos cuando miran a un Dios universal, incluso están aquellas que parecen opuestas cuando ni siquiera creen en un Dios, pero al final, Dios no es una creencia, sino una experiencia que se revela por medio del amor.

Al final, la diferencia entre amen y Amén es solo un acento.

Amén

Notas

Primera parte

1. Paulo Coelho, «Castañeda y el ánimo del guerrero», 13 enero 2010, http://paulocoelhoblog.com/2010/01/13/castaneda-y-el-animo-del-guerrero/
2. Proverbios 27.17 (paráfrasis).

Segunda parte

1. Apocalipsis 22.21.
2. «Finding closure. Bodhi Tree, the bookstore that enlightened New Age L.A., readies for its final exit», *Los Angeles Magazine*, 1 julio 2011, http://www.lamag.com/culturefiles/finding-closure
3. Wayne Dyer, «3 tips to write your book when the going gets tough», primavera 2003, http://www.drwaynedyer.com/blog/the-gift-in-the-storm/
4. Allan Kozinn, «Meditation on the Man who saved the Beatles», *The New York Times*, 7 febrero 2008, http://www.nytimes.com/2008/02/07/arts/07iht-07yogi.9826732.html?mcubz=1

5. Deepak Chopra, *The Seven Spiritual Laws of Success, A practical guide to the fulfillment of your dreams* (New World Library / Amber-Allen Publishing, 1994), p. 108.

6. Lisa Miller, «U.S. Views on God and Life are Turning Hindu», *Newsweek*, Culture, 14 agosto 2009, http://www.newsweek.com/us-views-god-and-life-are-turning-hindu-79073

7. Pew Forum, «Many Americans Mix Multiple Faiths», Religion and Public Life, 9 diciembre 2009, http://www.pewforum.org/2009/12/09/many-americans-mix-multiple-faiths/

8. Aleksandra Sandstro y Becka A. Alper, «If the U.S. had 100 people: Charting Americans' religious beliefs and practices», Pew Research, 1 diciembre 2016, http://www.pewresearch.org/fact-tank/2016/12/01/if-the-u-s-had-100-people-charting-americans-religious-beliefs-and-practices/

9. Pew Forum, «Many Americans Mix Multiple Faiths», Polling and Analysis, 9 diciembre 2009, http://www.pewforum.org/2009/12/09/many-americans-mix-multiple-faiths/

10. Pew Forum, «Frequency of Meditation», http://www.pewforum.org/religious-landscape-study/frequency-of-meditation/

11. Carolyn Gregoire, «How yoga became A $27 billion industry-and reinvented American spirituality», Huffpost, 16 diciembre 2013, http://www.huffingtonpost.com/2013/12/16/how-the-yoga-industry-los_n_4441767.html

12. Robert Skutch, *Journey without a distance, The story behind a Course in Miracles* (Berkeley, CA: Celestial Arts, 1994).

13. Fr. Benedict J. Groeschel, *A Still Small Voice*, Cap. 7, False Revelations —a Sympathetic View, An Example, A Course in Miracles (Ignatius Press, 1993). Kindle.

14. Doula: persona capacitada para brindar apoyo físico y emocional a las mujeres durante el embarazo, el parto y el posparto.

15. Esa revista está digitalmente en http://bebenatural.com

16. Quran 28.88.

17. Sharon M. Koenig, *Las 12 promesas del alma*, Cap. 1 (Nashville, TN: HarperCollins Español, 2016).

18. 1 Juan 2.17.

Tercera parte

1. Koenig, *Las 12 promesas del alma*, Cap. 4.
2. Ibíd., Cap. 12.
3. Lucas 7.48.
4. Jeremías 4.4.
5. Analogía de Abouna Damon Geiger.
6. Kallistos Ware, *The Orthodox Way* (Nueva York: St. Vladimir Seminary Press, 1995). Kindle, Location 2450.
7. Michael Lipka, «Why America's "nones" left religion behind», *Pew Research Center*, 24 agosto 2016, http://www.pewresearch.org/fact-tank/2016/08/24/why-americas-nones-left-religion-behind/
8. Principales propulsores del nuevo ateísmo científico que son popularmente conocidos como los «Cuatro jinetes del ateísmo»: el filósofo Daniel C. Dennett, el escritor Christopher Hitchens, el neurocientífico Sam Harris, y el etólogo y escritor Richard Dawkins.
9. Sam Harris, *Waking Up: A Guide to Spirituality Without Religion*, Simon & Schuster, reimpresión, 2014, Kindle, Location 475.
10. Keith Ward, *Rethinking Christianity* (Oneworld Publications, 2013), Kindle, Location 1299.
11. 1 Juan 4.20 (NVI).
12. William P. Young, *La cabaña* (Windblown Media, 1ra. edición, 2008).
13. Juan 14.5 (NVI).
14. Juan 20.28 (DHH).
15. Juan Pablo II, Audiencia general, 26 febrero 1986, https://w2.vatican.va/content/john-paul-ii/es/audiences/1986/documents/hf_jp-ii_aud_19860226.html

CUARTA PARTE

1. Génesis 4.7.
2. Kallistos Ware, *The Orthodox Way* (Nueva York: St. Vladimir Seminary Press, 1995). Kindle, Location 1043.
3. 1 Juan 4.18 (DHH).
4. Gregorio de Nisa, *The life of Moses* (Nashville: HarperOne, 2006), p. 6.
5. Lucas 15.20—24 (NBLH).
6. *The Sayings of the Dessert Fathers, The Alphabetical Collection* (Cistercian Publications 1975), p. 67.
7. Hechos 17.28.
8. Santiago 4.8 (DHH).
9. Sharon M. Koenig, *Los ciclos del alma, El proceso de conexión, 6ta edición revisada* (Heaven on Earth, 2017), pp. 210—14.
10. Isaías 64.8 (NVI).
11. 1 Corintios 13 (paráfrasis).
12. Salmos 46.10.
13. C. S Lewis, *Surprised by Joy: The Shape of my Early Life* (First Mariner Books edition, 2012), p. 227 [*Cautivado por la alegría: Historia de mi conversión* (Nashville: HarperCollins Español, 2006)].